APRÈS LA PLUIE, LE BEAU TEMPS!

LE BEAU TEMPS!

Les orages passent… la force d'âme demeure!

DISTRIBUTION:

- Pour le Canada:
  AGENCE DE DISTRIBUTION POPULAIRE INC.
  955, rue Amherst, Montréal H2L 3K4
  (Tél.: (514) 523-1182)

- Pour la Belgique:
  VANDER, S.A.
  Avenue des Volontaires 321, B-1150 Bruxelles, Belgique
  (Tél.: 02-762-0662)

- Pour la France:
  EXPORTLIVRE/Agence centrale du livre
  103, Legendre
  75017 Paris, France
  (Tél.: 01-226-0186)

Conception graphique de la couverture:
MICHEL BÉRARD

Version française:
LE BUREAU DE TRADUCTION TRANS-ADAPT INC.

Photocomposition et montage:
HELVETIGRAF, QUÉBEC.

ISBN: 2-89225-067-6

Robert H. Schuller

APRÈS LA PLUIE, LE BEAU TEMPS!

Les orages passent... la force d'âme demeure!

Les éditions Un monde différent ltée
3400, boulevard Losch
Saint-Hubert, QC
Canada J3Y 5T6

À mes petits-enfants :
Angie Rae Schuller
Robert Vernon Schuller
Jason James Coleman
Christopher John Coleman

Table des matières

Remerciements 8
Préface 9

PREMIÈRE PARTIE
Les orages passent... La force d'âme demeure!

1. Les orages passent... 13
2. ... La force d'âme demeure! 37

DEUXIÈME PARTIE
Comment acquérir la force d'âme!

3. Placez vos problèmes dans leur juste
   perspective 71
4. Les douze moyens de traiter positivement les
   problèmes 91
5. Prenez vos affaires en main 115
6. Les dix commandements de la conscience du
   possible 139
7. Comptez jusqu'à dix et remportez la palme! . 161
8. Cette foi qui peut soulever votre montagne .. 185
9. La prière: une puissance qui vous lie au
   succès 211

TROISIÈME PARTIE
C'est le premier pas qui compte!

10. L'alphabet de l'action 239

Remerciements

Ce livre n'aurait pas vu le jour sans l'assistance de Sheila Schuller Coleman, qui a mis en forme et révisé le manuscrit. Je veux également remercier ici Barbara Hagler, qui a dactylographié le manuscrit, et Marjorie Kelley pour sa précieuse collaboration.

Préface

Seigneur, accorde-moi tes lumières, que je sache quand persévérer et quand renoncer, et donne-moi la grâce d'adopter, dans la dignité, la juste décision.

Voilà qui pourrait bien être la prière la plus précieuse que vous ayez jamais dite. Le présent ouvrage pourrait bien être aussi la réponse à cette prière.

Car ce livre va vous stimuler à agir énergiquement ; à tenir bon jusqu'à la lumière, jusqu'au retour de la vague et des temps meilleurs ; à vous accrocher et vous épanouir là où vous avez planté vos racines ; à adopter une attitude chaleureuse qui inspire les autres par les temps certes difficiles que nous traversons. Vous inciterez, ce faisant, les autres à adopter une attitude noble et positive devant l'existence.

Ce livre pourra également vous communiquer l'inspiration nécessaire à des initiatives hardies ; à prendre le tournant d'une manière créative, conscient que toute une époque a aujourd'hui pris fin. L'usine ne rouvrira jamais ses portes. On ne construira jamais plus de machines à vapeur. La coupe où tu buvais est tombée. Elle est brisée. «Tous les chevaliers, tous les soldats du roi n'ont pas pu rassembler les morceaux de Humpty Dumpty.» Il faut tirer un trait sur le passé et se chercher des talents nouveaux. Ce livre va vous remettre sur la bonne voie, la voie du succès.

PREMIÈRE PARTIE

Les orages passent...
La force d'âme demeure !

1

Les orages passent...

Ce fut un dur été que celui de 1982. Pour nombre d'entre nous, ce fut comme si nous avions remonté le temps jusqu'aux années trente, l'époque de la grande dépression. Compagnies sur compagnies déposèrent leur bilan. Le chômage atteignit des sommets. Les vagues d'« une récession sérieuse et durable », comme la nommèrent les media, coururent aux quatre coins de l'Amérique.

Les hommes politiques tournèrent à leur avantage cette dépression nationale. Elle leur fournissait l'occasion rêvée de mettre le doigt sur les insuffisances, les fautes et les échecs du parti politique adverse. Les Démocrates y virent l'occasion d'en rejeter le blâme sur l'administration du parti au pouvoir, les Républicains. Les Républicains, quant à eux, ne manquèrent pas de s'en prendre aux Démocrates pour « leur administration qui a créé le problème » et dont ils avaient hérité.

Chacun s'en prenait à chacun, mais personne ne réglait le problème !

Les problèmes demeurèrent. S'aggravèrent. La récession se communiqua à tout le pays; presque tous furent affectés. Personne n'en était à l'abri.

Quant à moi, j'en ai également senti les effets, dans mes fonctions de pasteur responsable de la cathédrale de cristal et d'émissions de télévision diffusées à l'échelle nationale, chaque semaine, par 169 stations. Avec cinq cents salariés, nous gérions un budget largement supérieur à vingt millions de dollars par an. Les frais de gestion connaissaient une croissance abrupte. Nous devions nous aussi, comme le reste de l'Amérique, faire face à des temps difficiles.

Personne ne pouvait nier que le pays connaissait des problèmes. Mais le pire problème tenait à notre *attitude* devant la situation économique. Une optique négative gagnait, comme une épidémie, tous les échelons de la société. Il n'était pas aisé de se défendre contre cette infection du négativisme, colportée de bouche à oreille par les conversations avec nos amis ou des étrangers, par nos écrans de télévision et par les bulletins de nouvelles à la radio.

Si le mal se répandit aussi vite, c'est qu'en temps de récession, on est porté à avoir des réactions négatives. Une fois que le négativisme infecte un organisme, une entreprise, une existence ou une nation, elle attaque le coeur, l'esprit et l'âme, comme des termites qui, invisibles, rongeraient notre structure émotionnelle.

C'est plongé dans une telle humeur nationale que j'arrivai au Hilton du centre-ville de Chicago. Je devais y présenter une conférence sur la motivation dans le cadre d'une importante convention.

Présenter des conférences sur la motivation et les principes du succès en organisation n'était rien de nouveau pour moi. Chaque année, je voyage d'un bout à l'autre du pays, je m'adresse à près de cent reprises à des médecins, des cadres d'entreprise, des éducateurs et *tutti quanti*.

Et pourtant, cette occasion de prendre la parole exerçait sur moi un attrait particulier. Mes auditeurs seraient des membres de l'industrie agro-alimentaire. Cette industrie regroupe toutes les entreprises agricoles des États du Midwest, c'est-à-dire de l'Iowa, du Michigan, de l'Illinois et du Minessota. Étant né dans une ferme de l'Iowa et y ayant grandi, c'était pour moi l'occasion de renouer des liens avec certains des êtres qui venaient de cette région que j'avais quittée quarante ans plus tôt.

Mon attente d'une soirée inspirée et chaleureuse fut promptement refroidie par deux messieurs à l'air sombre. Leurs macarons piqués sur leurs revers foncés me firent reconnaître en eux les hommes que je cherchais. Leur réception fut tiède: «Monsieur Schuller? Merci d'être venu.»

Ces mots éveillèrent en moi le souvenir des innombrables fois où je me suis porté sur la scène de quelque tragédie. Dans tous ces hôpitaux, tribunaux, morgues et cimetières, j'ai entendu ces mots: «Merci d'être venu.» Je n'ai pu alors me retenir de penser que j'étais arrivé sur la scène d'une tragédie, et non à une réunion ayant pour objet la motivation.

Le plus jeune des deux prit la parole: «Il y a ici trois mille cinq cents personnes qui attendent que vous leur parliez.»

Son compagnon l'interrompit. « Ces gens traversent des moments difficiles. Ils n'ont pas envie d'entendre vos plaisanteries. Ils n'ont pas envie de vous voir sourire de toutes vos dents comme vous le faites à la télévision. Ils n'ont pas envie d'une claque dans le dos avec la promesse creuse que tout va aller pour le mieux. »

Ces deux hommes se placèrent alors épaule contre épaule, face à moi, comme s'ils voulaient m'empêcher d'atteindre l'estrade. Le premier ajouta : « C'est vrai, monsieur Schuller. Ces gens vont perdre leurs fermes. Ils vont faire faillite. Leurs mariages, leurs familles traversent de terribles épreuves. Ils ont besoins d'aide... et surtout, surtout, d'espoir. Donnez-leur donc cela. »

Sur cet avertissement, il firent un signe à l'ingénieur du son qui fixa sur moi un microphone. Pendant ce temps, j'entendais, à travers la mince cloison qui séparait les coulisses de l'estrade, la présentation du maître des cérémonies : « Et maintenant, mesdames et messieurs, j'ai le plaisir de vous présenter notre invité de la soirée. Il s'appelle Robert Schuller. C'est le pasteur de ce temple renommé, la Crystal Cathedral. La construction de ce splendide édifice à coûté plus de vingt millions de dollars, somme pratiquement remboursée lors de son inauguration. Aucun pasteur, prêtre ou rabin ne s'adresse, chaque semaine, à plus de gens dans le monde entier comme au États-Unis que Robert Schuller, résident de Garden Grove en Californie. Nous avons le plaisir d'accueillir un homme à la réussite brillante, Robert Schuller. Applaudissons-le bien fort ! »

La salle résonna de vigoureux applaudissements tandis que je me plaçais face à cette foule à l'âme blessée.

Trois mille cinq cents personnes étaient là, debout, à m'applaudir. La salle était bondée.

Intérieurement, je frissonnai d'inquiétude. Mon allocution soigneusement préparée venait de tomber à l'eau. Les trois plaisanteries que j'avais prévu de raconter pour mon propre plaisir et pour « réchauffer la salle » me paraissaient maintenant ne plus avoir leur raison d'être.

Tandis que j'avançais, je n'avais plus la moindre idée de ce que j'allais bien dire à ces malheureuses gens. Je marchais lentement de long en large tout en m'appliquant à mobiliser mes idées. Je cherchais leur regard. Les paroles de mon sévère comité d'accueil me revenaient à l'esprit. J'ai décidé enfin de me remettre en selle en leur posant une question.

« On m'a dit que les temps sont durs. C'est bien ça ? »

Cette question, suivie d'une pause, m'a permis de produire un effet dramatique. C'est une vraie planche de salut pour un orateur.

Continuant à marcher de long en large, je mimais l'assurance d'un conférencier bien préparé.

Je sentais que cette question de départ avait accroché leur attention, plus efficacement, sans doute, que ne l'auraient fait les trois plaisanteries dont j'avais soigneusement rangé le texte dans ma poche.

Dès cet instant, je donnai une conférence improvisée émaillée de soudaines inspirations. Brûlant du désir d'aider ces gens et de leur rendre espoir, j'ai résolu de m'impliquer personnellement dans les problèmes urgents de ces hommes et de ces femmes qui représentaient une industrie essentielle à la santé et au bien-être de l'Amérique. Ils représentaient le garde-manger même de la nation. La nourriture, dans les marchés et sur nos tables, nous vient du labeur, de l'esprit d'entreprise de ces industriels de la nature.

Ce qu'on m'avait appris de l'art oratoire, lors de mes études sous-graduées au Hope College de Holland au Michigan, et de l'art de donner des sermons, lors de mes études graduées au Western Theological Seminary, me revenait à l'esprit : le plus efficace, ce n'est pas le sermon, mais le témoignage. Le principe essentiel est le suivant : si l'on n'a pas de conseil à donner, on peut toujours faire partager sa propre expérience.

Si vous avez connu, dans votre existence, des moments uniques, des défis, des crises et des dénouements, partagez-les ! Tout le monde aime écouter des histoires.

M'inspirant de ce principe, j'ai décidé de confier à ces agriculteurs la façon dont j'avais traversé les passes difficiles de mon existence.

Je me suis dit que mon auditoire n'avait pas conscience du fait que, moi aussi, j'avais mangé de la vache enragée. Je leur avais été présenté uniquement sous les traits d'un homme comblé de succès, un pasteur, le fondateur, le bâtisseur de cette oeuvre d'art de vingt millions de dollars admirée dans le monde entier qu'est la Crystal Cathedral. Ils ne pouvaient voir en moi qu'un homme béni par le sort. On ne leur avait pas dit que, moi aussi, j'avais arpenté le chemin où ils avançaient présentement.

Devais-je leur parler de la sombre solitude de la nuit, l'hiver, en Iowa, par moins vingt, lorsque rage le blizzard?

Devais-je leur parler du vent qui tournoyait en sifflant autour de notre maison fragile et s'insinuait par la fenêtre de ma chambre, répandant près de mon lit des coulées de neige?

Devais-je leur parler de notre misère qui nous empêchait d'acheter du charbon pour chauffer la maison?

Devais-je leur dire comment nous avions échappé à un ouragan?

Devais-je leur dire comment nous avions survécu à la grande sécheresse, cette absence de pluies parcheminant la terre, pire, plus fatale que l'absence d'argent qui avait frappé tous les Américains lors de la grande dépression?

Devais-je leur parler de mes combats pour pouvoir faire mes études à l'université?

Devais-je leur parler de l'incendie de la pension où j'avais perdu les quelques biens que je possédais?

Devais-je leur dire qu'il m'avait fallu lutter pour ouvrir un temple avec cinq cents dollars seulement, sans soutien, contacts, amis ni biens, dans un État étranger?

Devais-je leur parler du cancer de ma femme? Leur dire que ma fille avait failli perdre la vie dans un accident de moto? Qu'elle avait dû être amputée d'une jambe?

Devais-je leur confier nos combats des trois dernières années, nos tentatives pour redonner le goût de vivre à cette jeune adolescente dont la jambe gauche n'est plus qu'un moignon?

Devais-je leur dire comment les circonstances, indépendamment de ma volonté, m'avaient contraint à bâtir la Crystal Cathedral, alors que je ne le voulais pas, que je n'avais pas l'argent nécessaire et que je savais fort bien qu'on me critiquerait pour ce « monument » ?

J'ai décidé de ne pas leur raconter toute ma vie. Mais j'ai résolu aussi de commencer mon sujet par les réalités des temps difficiles que j'avais traversés et la façon dont elles avaient été surmontées grâce à une foi fondée sur la conscience du possible.

« La vie à la ferme n'a jamais été facile. La ferme de mon enfance était typique du Midwest. Autant dire qu'elle était petite. Il ne s'agissait pas que de faire pousser des récoltes. À la moisson, on en nourrissait le bétail. Les oeufs des poules, on les échangeait contre de l'épicerie. Les vaches broutaient près de la rivière dans une prairie qui était trop difficile à labourer. On trayait les vaches et on vendait le lait. Quand les porcs atteignaient le bon poids, on les vendait au marché. On ne produisait qu'une récolte par an, c'est à dire qu'on plantait l'avoine et le maïs au printemps et on récoltait à l'automne, puis on engrangeait le tout pour nourrir les porcs. L'hiver, il s'agissait surtout de survivre, d'attendre, d'espérer le printemps. »

Mon père avait acheté la ferme lorsque les prix étaient au plus haut. Les terres avaient enchéri. Je suis né quelques années plus tard seulement, le 16 septembre 1926.

C'est toute une histoire que la façon dont mon père réussit à mettre assez d'argent de côté pour acheter notre ferme. Ayant perdu ses parents lorsqu'il était adolescent, mon père fut contraint de quitter l'école, alors qu'il était en sixième année, pour se mettre au service d'agriculteurs de la région, seul travail qu'il connaissait. Décortiquer les épis de maïs, ce n'est pas sorcier : on les libère de leur nid de feuilles doré, on brise les tiges hautes de deux mètres pour les jeter dans le chariot. Mon père, économe, réussit à mettre de côté les quelques sous que lui rapportait chaque épi ramassé.

Il épargna assez d'argent pour pouvoir, finalement, s'acheter une ferme de 160 acres. Malheureusement, les prix avaient alors atteint un sommet. Lorsque j'atteignis les trois ans, ce fut la grande dépression. Le prix des terres s'effondra comme celui des valeurs boursières. Tandis que les personnages en vue du monde des affaires se suicidaient sur Wall Street, des fermiers abandonnés à eux-mêmes, ces premiers petits entrepreneurs de l'Amérique, s'accrochaient à la terre de leurs ongles brisés, dans l'espoir de survivre.

Mon père fut l'un de ces fermiers endurants et tenaces. Le pire, c'était l'hiver... Je n'oublierai jamais cette saison où nous n'avions pas assez d'argent pour acheter du charbon. Nous voyions dans les arbres qui entouraient la maison des créatures vivantes, précieuses, qu'il n'était pas question de sacrifier en bois de chauffage. Nous n'avons jamais pensé à les couper, à les scier, pour en alimenter notre poêle à bois.

J'eus bientôt pour tâche, enfant, de sauter la haute barrière de bois vermoulu pour pénétrer l'enclos aux cochons où une centaine de bêtes se tortillaient en couinant. J'avançais, un panier à la main, parmi leurs excréments, pour ramasser les épis de maïs qu'ils avaient rongés.

Pas un seul épi n'échappait à ma cueillette. Chacun d'eux état précieux. Une fois le panier rempli, je le transportais doucement jusqu'à la maisonnette de deux étages peinte en blanc où vivaient ma mère, mon père, mon frère et mes soeurs. On alimentait le poêle de la cuisine de ces épis, ainsi que le petit poêle trapu de la petite salle de séjour. C'étaient là les deux uniques sources de chaleur de la maison. De petites grilles au plafond permettaient quelque peu à cette chaleur d'atteindre les chambres du haut. Mais cela n'empêchait pas que la même mesure d'air glacé n'entrât par les interstices dans les murs.

« Voulez-vous connaître mon expérience personnelle de la misère ? » ai-je demandé à ces trois mille cinq cents gens d'affaires aux abois, installés dans la grande salle du luxueux hôtel Hilton. « Je vais vous en parler. J'étais si pauvre qu'il fallait, pour ne pas mourir de froid par ces hivers sibériens, se chauffer avec de vieux épis de maïs. Oui, nous n'avions pas les moyens de nous payer du charbon. »

« *Les temps étaient durs* ! », ai-je lancé d'une voix retentissante.

J'ai rappelé alors les années de la grande sécheresse. Alors même que la dépression ravageait le pays, le combat que devaient mener les fermiers de l'Iowa était encore bien plus dur. Pour des raisons que nous n'avons jamais comprises, les pluies de printemps furent absentes, ne vinrent pas nourrir le maïs et l'avoine qui venaient d'être semés. La précieuse poignée de dollars que mon père avait réussi à épargner était partie en achat de semences.

Je me demandais toujours pourquoi, en les semant, il prenait le risque de les voir pourrir, alors qu'il pouvait plus sûrement les vendre à la ville et en tirer de l'argent. « Pourquoi courir ce risque, avais-je demandé à mon père, un jour. Pourquoi ne pas mettre toutes les chances de notre côté, pourquoi ne pas les vendre ? »

« Les gens qui ne veulent jamais courir de risques, m'avait-il répondu avec sagesse, n'arrivent à rien dans l'existence. »

C'est vrai, on ne peut connaître de succès si on n'applique pas le principe de multiplication. C'était là un principe élémentaire, fondamental, inné, que tout fermier comprenait. Aussi, aux printemps de 1931, 1932 et 1933, mon père prit-il tout ce qu'il lui restait, ses derniers grains de maïs, ses dernières tassées d'avoine, et, dans l'espoir que les pluies viendraient, en ensemença les terres de sa petite ferme de l'Iowa. Il espérait que l'humidité nourrirait les semences, leur donnerait vie et qu'elles lanceraient leurs pousses fragiles à travers le tendre humus du printemps. Ces petites rangées de feuilles vertes se détacheraient peu à peu de la terre sombre de l'Iowa.

La pluie est essentielle au succès d'un fermier, et les fermiers de l'Iowa s'attendent à ce qu'il pleuve une fois toutes les deux semaines.

Si, pour quelques raison, la pluie ne tombait pas pendant trois ou quatre semaines, la terre séchait sur une profondeur de deux centimètres. Si la pluie se faisait attendre davantage, la terre se desséchait à huit, dix, douze centimètres de profondeur, tant et si bien que les fines racines des plants de maïs mouraient.

Une feuille flétrie constitue le premier signe de la mort des racines.

Lorsque, au bout des deux semaines, les pluies ne tombèrent pas, mon père commença à se faire du souci.

Au bout de trois, quatre semaines, je découvris sur son visage une profonde gravité. Mais jamais il ne se mit en colère. Jamais il n'a manqué la prière, tête penchée, à la table du matin, du midi et du soir.

La seule chose que fit mon père devant la sécheresse fut de prier. Que pouvait-il faire d'autre? Les fermiers faisaient des kilomètres pour se réunir, remplir les petites églises blanches qui parsemaient les champs moutonnants, et prier. Par respect, par révérence pour la majesté du Tout-Puissant, ils ne venaient pas dans leurs bleus de travail, mais cravatés, dans leur seul et unique habit. Ils demandaient au Père Tout-Puissant de sauver leurs terres et leurs récoltes. Ils Lui demandaient de leur envoyer la pluie.

Il ne leur restait alors plus qu'à rentrer chez eux pour y attendre sa réponse. Le Seigneur se tut une année entière. Jour après jour, le soleil brûlait la terre. Jour après jour, nous guettions dans la chaleur torride du ciel le signe d'un nuage. Que de fois n'ai-je pas couru vers la maison, appelant, criant: « J'ai vu un nuage! Dieu a peut-être entendu notre prière! » Mais les nuages disparaissaient toujours.

Enfin, comme si nos prières avaient été entendues, les nuages se rassemblèrent. L'espoir releva la tête. Cette pluie désespérante s'approchait, venant de l'ouest! Des éclairs déchirèrent le ciel sombre. Le tonnerre rugit. Les arbres furent secoués d'effroi parmi les sifflements du vent. La pluie se mit à tomber!

Je jubilais; pourtant, mon père ne partageait pas mon enthousiasme. Ma mère non plus. Ils savaient, eux, ce que je ne savais pas: cet orage ne réglait rien. Les derniers échos du tonnerre se firent entendre au loin, signalant la fin de la tempête, et le soleil brûlant réapparut. Nous sortîmes. Mon père égraina entre ses doigts un peu de terre humide. Seule une pellicule de celle-ci était noire et humide; en-dessous, elle était restée sèche comme de la poudre.

Puis les vents se levèrent. D'où venaient-ils? On ne sait. Le ciel passa d'un bleu à un gris sinistre, et enfin à un brun sale. L'air pur et frais qu'enfant j'aimais respirer fut d'un coup pollué par la poussière. «C'est la terre du Dakota du Sud que tu respires, fiston», me dit mon père. Le Dakota du Sud, État qui jouxtait l'Iowa au nord-ouest, connaissait une sécheresse encore pire que celle de l'Iowa. Il ne recevait même pas de ces averses sporadiques qui humidifiaient le sol en surface. La terre nue, sans végétation, s'étendait impuissante sous la poussée des vents. Ils emportaient dans le ciel les légères particules d'humus et les poussaient à des centaines de kilomètres à l'est. Quant les vents grossissaient, ils fouettaient cruellement les quelques rangées de maïs qui avaient réussi à survivre à la sécheresse. Ces jeunes plants fragiles, affaiblis, desséchés par le manque d'eau ne pouvaient résister à ces vents brûlants. Tout était dévasté. Çà et là, semblables aux ossements de quelque animal mort, les tiges du maïs mort sortaient leur tête des amoncellements de sable sec.

Les vents ne se calmaient toujours pas. Nous prîmes l'habitude, mon frère, mes soeurs et moi, de nous couvrir le visage de linges humides pour aller de la maison à la toilette extérieure. Lorsque nous allions au puits, où nous espérions pouvoir pomper de l'eau de ce réservoir de

Il n'y a pas d'échec
lorsqu'on ose tenter quelque
chose de valable.

douze mètres de profondeur, nous devions nous protéger de la suffocation grâce à ces masques humectés d'eau.

Nos réserves d'eau devenaient de plus en plus faibles à mesure que la rivière sinueuse s'asséchait. Cette rivière, la Floyd, avait été la plus sûre amie de mon enfance. Sur ses rives herbues, près des vastes pâturages, je m'étendais, contemplant les formes mouvantes des nuages dans le ciel bleu. C'est là que je me sentais le plus proche de mon Créateur.

Je m'étais attaché d'une incurable passion au domaine verdoyant de Dieu. Bien des années plus tard, je rêvais encore d'un lieu où je pourrais L'adorer, nuit et jour, les yeux plongés dans le ciel ; je rêvais d'une église où le ciel pourrait insinuer sa paix dans nos esprits inquiets, les guérir des soucis et de l'angoisse. Bien des années plus tard, la cathédrale de cristal ferait de ce rêve une réalité.

Mais, cet été de la grande sécheresse, je vis mourir la rivière et, dans ses derniers trous d'eau transformés en mares boueuses, se débattre et agoniser ses derniers poissons. La Mort enveloppait toutes choses : la rivière, les poissons, nos récoltes.

Enfin, l'automne arriva. À travers le pays entier, les journaux proclamaient que le Midwest avait souffert un « total désastre ». Les banquiers et les chefs d'industrie de New York se mirent, eux aussi, à s'inquiéter de cette catastrophe qui était aussi grave, sinon pire, que la dépression. Le garde-manger de l'Amérique était en ruines.

Si ç'avait été une année normale, la récolte qui en aurait résulté aurait rempli des dizaines de wagons. Cette année-là, c'est à peine si mon père put remplir de maïs la moitié d'un wagon, produit d'un demi-acre de terre marécageuse. En temps normal, ce terrain, alimenté par quelque mystérieuse source souterraine, était trop humide pour porter quoi que ce soit.

Mon père avait souvent pensé y creuser pour drainer cette eau souterraine. Eh bien, en cette année de sécheresse, ce petit champ avait été, de nos 160 acres, le seul où le maïs avait survécu, profitant de l'humidité engendrée par la source. Le maïs avait atteint là près de deux mètres. Ce fut là toute notre récolte.

Un demi-wagon de maïs.

Total désastre, alors? Pas tout à fait. Un demi-wagon de maïs, c'était tout de même mieux que rien. C'était là, en fait, l'équivalent de ce que nous avions planté au début de la saison. Une perte totale? Non. Nous n'avions rien gagné. Mais, plus important encore, nous n'avions rien perdu.

Je n'oublierai jamais la prière que mon père fit au dîner, ce soir-là.

« Seigneur, je Te remercie de ce que je n'ai rien perdu cette année. Tu m'as rendu mes semences. Merci! »

Tous les fermiers n'avaient pas la foi de mon père.

On vit bientôt apparaître des panonceaux devant les fermes, indiquant que celles-ci était à vendre. Ces fermiers découragés, incapables d'imaginer que la situation puisse s'améliorer, réunirent leurs biens et abandonnèrent leur terre. D'autres levèrent les bras de désespoir et se résignèrent à la saisie. Plus d'une propriété agricole fut offerte aux enchères sur les marches du tribunal.

Des années plus tard, je demandai à mon père comment il avait réussi à survivre. Après tout, il n'avait alors ni économies, ni riche parenté.

« Je me suis rendu à la banque, m'a répondu mon père, et je leur ai promis que, s'ils acceptaient de m'aider, je m'arrangerais, d'une façon ou d'une autre, pour leur rendre leur argent. Je les ai priés de revoir mon hypothèque, de repousser les échéances. Pour une raison ou une autre, la banque m'a fait confiance et elle m'est venue en aide. »

Cette banque, je me la rappelle bien ! Je me revois, tout enfant, là-bas, en bleus de travail, avec mon père. Je me rappelle la devise que portait leur calendrier : « *Les personnes d'envergure sont des gens ordinaires, mais dont la détermination est extraordinaire.* »

Je ne doute pas que cette maxime n'ait illustré la tournure positive de l'esprit de mon père et encouragé les banquiers à acquiescer à sa demande en lui accordant un délai pour le règlement de son hypothèque.

Cette maxime, qui expliquait la réussite de mon père, m'incita moi aussi à tenter l'impossible ! Car je caressais mes propres rêves : entrer à l'université et au séminaire.

Quelques années plus tard, par un tranquille après-midi de juin, l'ouragan frappa la région. Rentré depuis à peine quelques jours pour les grandes vacances universitaires, je n'avais pas encore défait mes valises. Tout l'après-midi, mon père et moi avions entendu une sorte de rugissement terrifiant qui ronflait comme un grand orgue. Ce bruit étrange faisait penser à un va-et-vient fracassant de trains roulant dans les nuages menaçants qui s'accumulaient.

« On dirait que c'est la grêle qui s'annonce », dit mon père entre ses dents.

Dans un effort désespéré pour protéger ses précieux rosiers, nous réunîmes des seaux et des boîtes de bois pour en couvrir chaque plant. Les six heures sonnèrent. Nous avions terminé en hâte notre repas du soir. Du porche de la maison, la vue portait sur plus d'un kilomètre de terres ondoyantes. Le soleil avait disparu, comme engouffré par la sombre, la monstrueuse tempête qui rôdait à l'ouest.

Lentement, de façon inquiétante, comme un tigre rampant vers sa proie endormie, se rapprochait l'ouragan. De brusques, de brûlantes poussées de vent soulevaient la poussière de la route. Le vieux sureau ployait sous la montée des vents.

Dans la prairie, une vache se mit à beugler frénétiquement des appels à son petit pour qu'il vienne s'abriter auprès d'elle.

Mon cheval parut sentir l'imminence de la catastrophe. Il avait fière allure, droit, la tête haute, son col gracieux redressé. Sa queue, portée haut, balayait l'air et ses oreilles étaient alertes aux échos du danger.

Soudain, une motte noire de la taille d'un soleil tomba du ciel obscur, frappa la terre en une longue traînée grise, rebondit, ondula, resta suspendue un instant, comme un serpent prêt à jeter la mort sur des innocents. « C'est un ouragan, Jennie! » cria mon père à ma mère.

Tout excité, je demandai: « Es-tu certain que c'est un vrai ouragan, papa? » Ma première réaction en était une d'agréable excitation. Quelle histoire à raconter à mes camarades lorsque je retournerais à Hope College à l'automne! La tornade semblait si petite que j'avais du mal à croire qu'une telle énergie pût se dégager d'un nuage aussi joli.

«Appelle ta mère, fiston. Dis-lui de prendre tout ce qu'elle peut et de venir à la voiture. Nous devons sortir de là, et en vitesse!»

Quelques instants plus tard, nous roulions comme des fous sur la route. Nous habitions à l'extrémité est d'un cul-de-sac et devions faire plus d'un kilomètre vers l'ouest, en plein sur le parcours de la tornade, pour atteindre une petite route qui s'en éloignait vers le sud. Nous y réussîmes.

Au bout de trois kilomètres, nous nous arrêtâmes au sommet d'une colline et observâmes ce monstre destructeur à l'oeuvre. Aussi prestement et doucement qu'il s'était abattu, il s'envola et disparut. C'était fini. L'ouragan avait disparu. Il régnait dans l'air un calme de mort, mais le danger était passé. Une pluie douce se mit à tomber, une averse fraîche et apaisante tombait de la marge sombre du ciel, comme si ce dernier avait voulu verser un baume sur nos plaies ouvertes.

Nous pouvions rentrer, maintenant. «Oh! mon Dieu, et notre maison?» En atteignant l'embranchement, nous découvrîmes une longue file de voitures. Les curieux, devinant que quelque chose de terrible s'était produit, déjà se rassemblaient. Ils contemplaient la totale destruction d'une ferme voisine.

Inquiets de savoir si notre ferme avait été épargnée, nous nous engageâmes dans la solitude de notre route,

Lorsque vous croyez avoir épuisé toutes les possibilités, souvenez-vous que ce n'est pas vrai.

traversée des fils rompus des lignes téléphoniques, vers notre ferme isolée. Nous arrivâmes au bas du côteau qui cachait la maison. Avant, nous pouvions voir d'en bas la partie supérieure du toit de la grange. Plus maintenant. Avant même d'avoir gravi la pente, nous avions fait notre deuil de notre grange.

Nous avions atteint le sommet du côteau. Et nous vîmes. Tout avait disparu. Là où, une demi-heure plus tôt, se dressaient neuf bâtiments peints en neuf, il ne restait rien. Un silence de mort avait remplacé la vie. Plus rien, tout était mort.

Seules demeuraient des fondations blanches sur le sol étale et noir. Aucuns débris. Tout avait été avalé, emporté.

Trois porcelets encore vivants tétaient, aux mamelles de leur mère morte étendue dans l'allée. Nous pouvions entendre, comme un crève-cœur, les gémissements du bétail mourant, le sifflement du gaz qui s'échappait d'un réservoir à butane portatif dont nous alimentions notre poêle. J'aperçus alors mon cheval qui gisait le corps empalé sur une poutre de quatre mètres.

Hébétés, la raison vacillante, nous restions assis dans la voiture. Mon père avait atteint la soixantaine et avait, pendant vingt-six années, travaillé dur pour gagner cette ferme. L'hypothèque allait bientôt échoir. Toute chance de garder l'endroit pour les créanciers était à jamais perdue. Je regardais mon père, assis là, horrifié, ses cheveux encore plus blancs, son corps maigre et surmené, ses mains bleuies désespérément crispées sur le volant.

Tout à coup, ses mains calleuses aux veines dilatées se mirent à frapper le volant : «Plus rien! Jennie! Jennie! Plus rien du tout! Vingt-six ans, Jennie, en dix minutes... plus rien. »

Papa sortit de la voiture, nous dit d'attendre là et se dirigea, sa canne à la main, vers sa ferme nettoyée net, aspirée par la tornade.

Nous découvrîmes plus tard que notre maison avait été jetée, en bloc éclaté, dans la prairie, à huit cents mètres de là. Il y avait un petit panonceau sur le mur de la cuisine, une petite maxime gravée dans le plâtre. Toute simple, elle disait : «Continue à chercher Jésus. » Papa en rapporta la partie qui disait : «Continue à chercher... » Voilà, c'était là le message de Dieu à papa : continue à chercher! Continue à chercher!

Ne jetez pas l'éponge. Ne renoncez pas. Accrochez-vous. Tenez bon. Et c'est ce que mon père fit. Le gens pensèrent que papa était un homme fini, mais non. Ce n'était pas une homme fini, parce qu'il ne voulait pas abandonner. Il avait foi dans la puissance de la persévérance.

Il existe un ingrédient que doit comprendre cette foi qui déplace les montagnes, qui accomplit des miracles, qui fait vibrer l'univers, résoud les problèmes et retourne les situations; c'est la force de la persévérance. Papa ne renonça pas.

Deux semaines plus tard, nous trouvions dans une ville voisine une vieille maison en voie de démolition. Une partie en était à vendre pour cinquante dollars. Nous avons acheté cette épave et l'avons méthodiquement démontée. Pas un clou, pas un bardeau que nous n'ayons mis de côté. Avec tout ça, nous nous sommes bâti une petite maison toute neuve sur les ruines de l'ancienne! Une à une, nous y avons adjoint d'autres bâtisses. Dans cette tornade, neuf fermes avaient été détruites, et mon père fut le seul fermier à rebâtir toute une ferme entièrement détruite. Quelques années plus tard, les prix grimpèrent brusquement. Les produits fermiers prospérèrent. En cinq ans, l'hypothèque était payée. Mon père mourut comblé par le succès!

« Alors, vous vivez une période de vaches maigres! Est-elle pire que celle que mon père a connue? » J'ai plongé mes yeux dans le regard et les cœurs de cette nouvelle génération d'agriculteurs de l'Iowa. « Brûlez-vous des épis de maïs pour vous chauffer? Avez-vous perdu tous vos biens dans une tornade? Est-ce que l'hypothèque est échue et que l'argent manque? Êtes-vous tentés de tourner les talons et de mettre votre ferme en vente? Eh bien alors, permettez-moi de vous dire quelque chose sur les temps de misères. Je crois que j'ai arpenté ce chemin et que j'ai le droit de parler des temps durs. Permettez-moi de vous dire quelque chose sur la dureté des temps! »

Je n'avais pas l'ombre d'une idée de ce que j'allais leur dire sur la dureté des temps! J'étais acculé le dos au mur. Je fis en silence une prière. J'ai prolongé cette pause à l'effet dramatique, marchant d'un bout à l'autre de l'estrade vide, comme un tigre en cage, fixant l'auditoire captif.

Je fus stupéfait d'entendre cette phrase sortir de ma bouche. Renversé. J'étais inspiré! Je suis convaincu qu'elle m'est venue de Dieu. C'était une phrase qui pouvait non seulement nous inspirer, mon auditoire et moi, mais bien d'autres. Elle devait même donner le jour à un livre. Comme un coup de tonnerre, cette phrase retentit aux quatre coins de la salle immense :

APRÈS LA PLUIE, LE BEAU TEMPS!

Des salves d'applaudissements retentirent. Ces trois mills cinq cents fermiers qui avaient perdu espoir et se débattaient dans la dépression l'avaient retrouvé. Une porte s'ouvrait. Ils retrouvaient leurs rêves.

Êtes-vous dans une passe difficile, aujourd'hui? Perdez-vous prise? Je vous invite à faire un tour avec moi. Permettez-moi de parler des survivants; vous pouvez, *vous aussi*, en être un! Ce faisant, votre vie deviendra la lumière qui éclairera le chemin d'autrui.

Ce chemin s'appelle le chemin de la conscience du possible. Voilà des années que je le prêche. Il ne m'a jamais fait défaut. Il n'a jamais fait défaut à personne. Il ne nous trahit jamais. Nous pouvons bien nous en écarter, mais ce chemin n'en mène pas moins au bonheur, à la santé et à la prospérité.

2

... La force d'âme demeure !

Knute Rockne a dit : « Quand les temps sont durs, c'est le temps des durs. » Quand la route est difficile, les gens coriaces se mettent en route. Ils surmontent les obstacles. Ils atteignent les sommets. Ils remportent la victoire !

Les gens sont comme les pommes de terre. Une fois récoltées, il faut les étaler et les trier pour en augmenter la valeur marchande. On les divise en fonction de leur grosseur : grosses, moyennes ou petites. Ce n'est qu'après cette opération et leur mise en sac qu'elles sont chargées sur les camions. C'est la méthode de tous les producteurs de pommes de terre de l'Idaho, de tous... sauf d'un.

L'un d'eux ne s'est jamais soucié de trier du tout ses pommes de terre. Et pourtant, on dirait que c'est lui qui se faisait le plus d'argent. Intrigué, un voisin lui a finalement demandé : « Quel est ton secret ? » Sa réponse ? « C'est pas compliqué. Je charge mes patates, puis je choisis le chemin le plus cahoteux pour me rendre à la ville. Au bout de dix kilomètres, les plus petites se retrouvent toujours tout en bas. Les moyennes se tassent un peu plus haut et les plus grosses montent à la surface. » Cette expérience ne vaut pas seulement pour les pommes de terre. C'est la loi de la vie. Sur les mauvais chemins, les pommes de terre les plus grosses font surface comme font surface, dans les temps difficiles, les gens qui ont du coeur au ventre.

Les oranges passent... mais la force d'âme demeure.

La conscience du possible n'est pas un vain mot. Elle a profité à mon père, elle m'a profité, et je me porte témoin qu'elle a été bénéfique aux hommes et aux femmes qui ont écouté mes sermons. Voilà ce que j'ai prêché, voilà ce qu'ils ont mis en pratique et voici les résultats:

Mary Martin

Tandis que j'étais occupé à ce livre, j'ai reçu une lettre délicieuse d'une personne que je n'avais jamais rencontrée mais que, depuis longtemps, j'admirais à distance. Le portrait de Mary Martin avait déjà paru six fois en couverture du magazine *Life*. Elle était aussi chère aux coeurs des Américains que Peter Pan voletant sur les scènes de Broadway, que Nellie Forbush dans la comédie musicale *South Pacific* et que Maria von Trapp dans la mise en scène originale, à Broadway, de *La mélodie du bonheur*.

Je voyais en elle quelqu'un de toujours positif, optimiste, joyeux et heureux.

Je n'avais jamais compris, ni même vraiment connu, la tragédie personnelle qu'elle avait discrètement traversée et à laquelle elle avait opposé la prière, quand, un jour, à ma surprise, une lettre d'elle arriva.

« Votre action missionnaire a, par trois fois, profondément affecté ma vie au cours des neuf dernières années. » Et elle ajoutait : « J'aimerais qu'un jour, le public le sache. »

J'ai répondu à sa lettre. Elle m'a invité au restaurant et m'a raconté son histoire. Je lui ai demandé si elle ne voyait pas d'objections à ce que je la rapporte, cette histoire, dans ces pages. La voici :

« Les principes qui inspirent la conscience du possible tels que vous les exposez dans votre émission à la télévision m'ont aidée à accepter la perte de mon cher époux, Richard Halliday, il y a de cela neuf ans. Ce fut pénible, croyez-moi ! »

« Puis, j'ai perdu ma voix, plus moyen de chanter... la fin de tout, quoi. Mais un jour, une de vos émissions sur la conscience du possible m'a donné une inspiration qui m'a rendue à la santé. J'ai retrouvé ma voix ! »

Elle pétillait de joie tandis qu'elle se confiait. Elle paraissait aussi jeune, aussi séduisante à soixante-neuf ans qu'elle avait dû l'être dans ses rôles de brillante ingénue aux débuts de sa carrière. J'avais peine à croire que, juste quelques semaines auparavant, elle était à l'hôpital à la suite d'un accident de voiture qui avait causé la mort d'une personne et de très graves blessures à deux autres.

J'avais récemment suivi son entrevue durant une émission télévisée où elle s'était présentée en s'appuyant sur une canne. Double fracture du pelvis, elle avait vraiment frôlé la mort. Aujourd'hui, au lendemin de ses soixante-neuf ans, elle ne donnait aucun signe de boitement.

Les orages passent...

la force d'âme demeure !

« Je dois tout de même vous avouer que j'ai des problèmes d'arthrite et des cataractes », me lança-t-elle dans un grand éclat de rire. Ses yeux brillants, pétillants de vitalité et de jeunesse semblaient contredire son aveu.

Elle me confia alors la terrible histoire de cet accident, vieux d'à peine quelques mois. Elle était montée dans un taxi, à San Francisco, en compagnie de deux amis très chers, Janet Gaynor, et son impresario, Ben Washer.

« Ben me dit : *Passe-donc la première, Mary*, ce que j'ai fait. *C'est ton tour de monter, Janet*, et Janet s'installa au milieu de la banquette arrière. Puis, Ben, en vrai gentleman, s'installa le dernier, refermant la portière derrière lui. Comme nous étions assis, c'est Ben qui a reçu de plein fouet l'impact d'une voiture conduite par un chauffard ivre qui roulait à tombeau ouvert et venait de brûler un feu rouge. La collision fut terrifiante ! Ben fut tué sur le coup et Janet se débattit contre la mort pendant un mois complet avant de pouvoir rentrer chez elle, à Palm Springs, pour Noël.

« Je crois bien que ç'a été une des pires épreuves que j'aie traversées », me confia Mary Martin. Sans rien perdre de son enjouement, elle a ajouté : « Mais comme vous dites, les orages passent... mais la force d'âme demeure. Je suis une Texane, une coriace, vous savez ! »

À quoi tient cette force que possèdent certaines personnes, cette force de persévérer après la perte d'un être tendrement chéri, après, jour après jour, l'expérience de douleurs physiques intolérables ? Rien ne remplace ici une foi profonde. Il est hors de doute qu'une foi solide et la merveilleuse Providence divine sont à la source de l'énergie spirituelle, d'un optimisme inébranlable.

« Richard Rodgers m'a dit qu'il avait écrit la chanson *Cock-eyed Optimist* pour moi», ajouta-t-elle avec douceur et modestie ; mais elle était ravie. « Il écrivait *South Pacific* et il m'a dit : *Mary, quand j'ai appris que c'était toi qui avais le rôle de Nellie, j'ai pensé bien fort à toi et j'ai écrit ces mots : Optimiste à tout crin, l'espoir, c'est ma drogue, rien à faire, j'ai ça dans le système.* »

C'est ça, l'esprit qui soigne tous les maux, qui sauve les vies de la destruction, qui ramène le soleil après la pluie : les gens qui ont du coeur au ventre le possèdent. Ils ne craignent pas les pires orages. Ils peuvent encaisser les coups les plus durs. Ils ont le dessus ! Ils arrivent gagnants !

Birt Duncan

C'était un jeune Noir, un orphelin qui avait grandi en Louisiane. Il avait vécu dans quatorze foyers d'adoption avant de prendre la route pour le sud de la Californie. Lorsque j'ai fait sa connaissance, nous nous réunissions encore dans un cinéma en plein air. Il était manifeste que ce garçon souffrait d'un profond sentiment d'infériorité, que je me suis appliqué à soigner au cours d'une série d'entrevues avec lui.

Un jour, il me lâcha : « N'oubliez pas que je suis un Noir, que, nous autres, nous sommes inférieurs. Nous sommes des descendants d'esclaves. »

« Ce n'est pas vrai, lui ai-je dit. Du point de vue génétique, vous êtes supérieurs. »

« Qu'est-ce que vous voulez dire ? »

« Comme tous les Noirs américains, vous pouvez faire remonter vos racines jusqu'à l'Afrique. Vous pouvez être fier de votre hérédité. Pourquoi? Parce que vous êtes issu de gens qui ont survécu. Les plus faibles sont morts avant même d'avoir quitté la jungle. Les autres sont morts en cours de traversée et leurs corps furent jetés à la mer. Pour ceux qui ont survécu, ils étaient 1) intellectuellement supérieurs, assez intelligents pour survivre, 2) biologiquement supérieurs, d'une force et d'une énergie exceptionnelles, ou, enfin 3) émotionnellement supérieurs... ils se refusaient de lâcher et de mourir! Chaque Noir en Amérique est le fruit génétique des lignées les meilleures et les plus vigoureuses.

« Voilà le sang que vous avez. »

Birt, depuis, a terminé ses études de médecine et pratique sa profession. Il a exploité avec succès son potentiel, mais il lui a fallu, au préalable, croire qu'*après la pluie vient le beau temps!* »

Benno Fischer

J'ai fait la connaissance de Benno Fischer en 1960, au siège social du prestigieux bureau d'architectes Richard Neutra, dont il était l'un des associés. Richard Neutra, Benno Fischer et moi avons passé de nombreuses journées ensemble à débattre de la conception d'un temple qui fût une merveille architecturale.

J'ai remarqué, tatouées en caractères bleuâtres de deux centimètres de haut sur la main gauche de Benno, les deux lettres « KL » et, en-dessous, huit chiffres d'environ un millimètre de hauteur chacun.

« C'est quoi, KL, Benno? », lui ai-je demandé.

Surpris par ma question, il m'a jeté un coup d'oeil et m'a dit: « Quoi, tu ne sais pas? »

« Non, aucune idée. Ça signifie quoi, KL ? »

« Ah, eh bien, ça veut dire *koncentration larga*. C'est de l'allemand : *camp de concentration*.

Et il m'a raconté son histoire !

Ça s'est passé en 1939, à Varsovie, en Pologne. Benno Fischer et la femme qu'il aimait, Ann, formaient des projets de mariage, lorsque l'armée allemande investit la ville. Dans la terrible confusion qui s'ensuivit, Benno fut embarqué dans un camion et transporté en compagnie d'autres Juifs dans un camp de concentration où il fut interné jusqu'en 1945.

« Qu'est devenue ma chère Ann ? », s'interrogea-t-il les premiers jours, qui se transformèrent en semaines et en mois cruels, horrifiants.

Ce qu'il ne savait pas, c'est qu'Ann, mise au courant de la catastrophe qui allait s'abattre sur sa ville, s'était échappée par un dédale d'obscures ruelles. S'étant déguisée, elle avait réussi à traverser tout le territoire de l'Allemagne en dissimulant sa qualité de Juive. Elle croyait que Benno était mort.

Mais Benno, en fait, dans son camp de concentration, partageait avec quatre mille autres Juifs la maigre pitance quotidienne d'un morceau de pain et d'un bol de soupe. La soupe était, bien sûr, le plus agréable des deux. Elle remplissait l'estomac, soulageait ce creux que ne comblait pas le morceau de pain. Le commerce du pain contre la soupe devint, pour de nombreux internés, la principale activité de leurs journées. Benno se vit offrir plus d'une fois du pain. Il accepta toujours la transaction.

À l'approche de l'époque de la libération, la population du camp tomba dramatiquement de quatre mille à quatre cents. Dans un sursaut désespéré, la Gestapo, attachant les prisonniers à la cheville, les entraîna dans une longue marche à travers le froid et la neige de l'hiver finissant. Squelettiques, rongés par la maladie, nombre d'entre eux se laissèrent tomber d'épuisement et furent abandonnés au gel et à la mort.

C'est alors que vint cette inoubliable matinée! On entendit la rumeur de puissants moteurs de l'autre côté d'une hauteur. Bientôt apparurent à l'horizon des chars de combat qui s'approchaient rapidement sur la neige mouillée. Des soldats américains rattrapèrent bientôt ce cordon misérable et tragique de survivants. Benno Fischer fut libéré!

La liberté! Aussitôt, Benno se mit en quête de sa chère Ann. Morte? Vivante? «Quelqu'un m'a dit avoir cru l'apercevoir à Stuttgart», lui affirma un autre survivant.

Il se rendit dans la lointaine Stuttgart. Tandis qu'il traversait la ville en autobus, il reconnut soudain une ravissante jeune femme arrêtée au coin d'une rue. Il descendit, s'approcha d'elle en hâte. Il la dévisagea. Fixement, elle le regardait. Du fond de leurs regards, ils reconnurent cet amour qui n'avait pas voulu mourir.

«Ann?»

«Benno!»

Ils s'étreignirent, rirent, pleurèrent, s'aimèrent, survécurent, passèrent en Amérique! *Après la pluie vient le beau temps!*

Judy Hall

En juillet 1980, Judy Hall, mère de deux jeunes adolescentes, perdit son emploi. Divorcée, sans revenus réguliers, Judy se demanda comment elle pourrait arriver à survivre. Elle était peu instruite et ne possédait aucune qualification particulière.

Domiciliée à Minneapolis, au Minnesota, elle suivait notre émission télédiffusée où nous encourageons nos auditeurs toutes les semaines à adopter la conscience du possible. Elle y entendait des conseils tels que : « Ouvrez votre esprit à Dieu et les idées s'y répandront. L'une de celles-ci sera l'idée que Dieu veut que vous saisissiez au vol. »

Judy avait foi dans ce qu'elle entendait. Elle décida de se lancer dans l'immobilier. Mais elle n'aurait pas pu choisir un pire moment pour se mettre en affaires. Résultat, ce fut l'échec. Elle aurait pu être tentée de lancer la serviette, mais elle ne se découragea pas.

Son idée suivante fut « d'emmener les filles au pays de leur naissance pour qu'elles découvrent leurs racines ». Elle réunit assez d'argent pour le déménagement et retourna avec ses filles à Hawaï, leur État d'origine.

De retour à Hawaï, elle se mit en tête d'acquérir un *muumuu*, sorte de robe ample et confortable des îles, mais d'un style assez recherché pour qu'elle pût le porter dans les soirées « habillées ». Elle s'aperçut, en faisant les magasins, qu'ils étaient tous vendus en comptoir et en une seule taille. Ils portaient tous le même motif « typique », rien d'original, aucune variation dans les imprimés, et n'étaient donc pas adaptés aux occasions qui n'étaient pas hawaïennes d'esprit et de ton.

L'un des enseignements de tous les ouvrages consacrés à la conscience du possible lui revint soudain à l'esprit : « Le secret de la réussite, c'est de découvrir un besoin et de le satisfaire. » Judy venait de découvrir un besoin : elle résolut de le satisfaire. Elle acheta du tissu imprimé aux motifs « continentaux » et se fit un *muumuu* dont elle orna l'ourlet d'un liseré décoratif. Elle en modifia la coupe de façon à ce qu'il fût seyant, mais assez ajusté pour conserver une ligne originale. Elle obtint un vêtement qui avait de la classe.

L'épouse du propriétaire de son logement adora le *muumuu* de Judy.

« Pourriez-vous m'en faire un ? » lui demanda-t-elle.

« Bien sûr, avec plaisir... Quand pourrais-je prendre vos mesures ? » lui répondit Judy.

« Mes mesures ? Vous allez le couper à mes mesures ? Un *muumuu* sur mesures ? »

« Mais bien sûr, lui répondit Judy. Les *muumuus* coupés main et sur mesures sont ma spécialité. Les manches doivent vous aller, ainsi que les épaules... »

C'était la une conception absolument originale de la fabrication des *muumuus*.

En pensant aux *muumuus* qu'elle avait déjà conçus, il lui revint à l'esprit ce que nous recommandons dans nos conférences sur la conscience du possible : on éprouve la valeur d'une idée en se posant quatre questions.

La première : cette idée a-t-elle une application pratique et répond-elle à un besoin réel ? Judy constata que le *muumuu* est un vêtement extrêmement pratique parce qu'il peut convenir à toute femme, quelle que soit la corpulence de cette dernière; les femmes les plus fortes peuvent facilement dissimuler leurs formes sous le style ample et lâche du *muumuu*.

Seconde question: est-ce que c'est beau? Judy réfléchit... Bien sûr, on peut faire du *muumuu* un vêtement chic aux drapements et aux lignes plus recherchés, avec des dégradés qui lui donnent la touche habillée des robes du continent.

Troisième question: est-ce que ça diffère notablement des produits de même type? Elle décida que c'était possible, à la condition de ne pas employer les motifs hawaïens. Si elle adoptait les tissus prisés sur le continent, le port du *muumuu* ne serait plus confiné aux coquetels à l'hawaïenne.

Elle se posa enfin la quatrième question: est-ce qu'on pourrait lui attribuer un label d'excellence, est-ce que c'est d'une qualité légèrement supérieure à ce qui est présentement offert sur le marché? Elle n'hésita pas une seconde. Oui! Son style de *muumuu* ne serait pas seulement beau, pratique et différent; il se distinguerait par sa valeur, sa qualité et son style de tous les *muumuus* présentement sur le marché d'Hawaï! Rassurée, riche de cent dollars, elle décida de s'y mettre.

«Monsieur Schuller, m'a récemment confié Judy Hall, j'ai fait mon premier *muumuu* il y a dix mois... et maintenant, je produis 123 robes par mois!»

«Mais est-ce que vous y gagnez de l'argent? Je connais votre situation!»

«Ah! ça, pour sûr, m'a-t-elle répondu. J'y arrive en maintenant mes frais généraux au strict minimum. Je prends moi-même les mesures. J'achète les tissus, trois modèles seulement pour ne pas me retrouver avec des piles d'invendus sur les bras. J'apporte le tissu et les mesures à une couturière indépendante qui travaille à façon chez elle. Ça m'évite d'être prise avec des salariés, les charges sociales et tous les frais de comptabilité qui vont avec ça.

«Elle coupe les pièces, je les ramasse et je vais les porter chez des femmes qui s'occupent de les coudre chez elles. Elles travaillent aussi à façon. Ça fait que je n'ai pas de problèmes de frais généraux.

«Résultat, j'ai réussi à gérer toute cette affaire, 123 robes par mois, sans bureau. J'organise tout de mon petit appartement.

«Mais cette affaire a pris une telle ampleur maintenant, a-t-elle ajouté, que nous ouvrons un nouveau bureau la semaine prochaine, de dix mètres carrés!»

Je n'en croyais pas mes oreilles. «Dix mètres carrés? Mais c'est tout juste une pièce!»

«Oui, je n'ai pas besoin de plus. Les couturières travaillent à domicile, alors je n'ai pas sur les bras les frais généraux que m'imposerait une manufacture. Je n'ai aucun salarié. Mes charges sont pratiquement inexistantes.»

«Mais il vous a bien fallu des liquidités pour démarrer, non?»

«Non, m'a-t-elle répondu. Au départ, j'avais cent dollars et une idée, et c'est tout. L'idée, c'était que si les gens voulaient se faire faire un *muumuu* sur mesures, je pouvais bien leur demander un acompte à la commande. Ça me permettait de couvrir mes fournitures.

« Vous savez, monsieur Schuller, vous avez raison! Avec la foi, tout est possible. Et puis, je vais vous dire quelque chose... notre pire problème à nous tous, c'est le négativisme.

« Lorsque mes amies m'ont vue avec deux enfants sur les bras et pas un sou de revenu, elles se sont vraiment demandé comment j'allais m'en sortir. Quand je leur ai dit que je me lançais dans le vêtement, avec ma marque et ma collection de *muumuus*, elles ont éclaté de rire. *Tu veux vendre des muumuus aux Hawaïens? Pourquoi tu ne vas pas en Alaska vendre de la neige aux Eskimaux? Tu ne sais donc pas qu'il y a, en ce moment même, des dizaines de milliers de muumuus qui pendent dans toutes les boutiques, agences et hôtels d'Hawaï? Et puis, ne sais-tu pas qu'on est en pleine récession?*

« Voilà tous les commentaires que j'ai entendus, mais je vais vous dire. » Elle était radieuse. « Je viens de recevoir une commande; je vais habiller les deux cents finissantes d'une des plus grosses écoles secondaires d'Honolulu. La coutume veut que les finissantes portent le *muumuu* le jour de la distribution des prix. Ça faisait une éternité qu'ils s'adressaient à une vieille manufacture locale. Mais ils ont été si impressionnés par ma collection, son style original et la qualité des finitions que ma maison a remporté toute la commande.

« La prochaine étape, c'est le continent. Après tout, ils n'ont jamais vraiment découvert le *muumuu*, parce que les tissus et les imprimés n'allaient pas. Mais maintenant, je sais ce qui se vend et comment m'y prendre. Je vais vendre à travers tout le pays. Et vous savez, monsieur Schuller, ce ne seront plus des *muumuus*, on les appellera des *Judymuus!* »

« Mais Judy, lui ai-je dit, est-ce que vous avez acquis une formation dans ce domaine? Où avez-vous étudié la couture? »

« Oh non, je n'ai jamais étudié la couture, jamais. Je coupais mes propres robes, c'est tout. Vous savez, monsieur Schuller, à une époque, j'étais très grosse. J'ai perdu trente kilos! Je me suis dit que je voulais une robe qui m'aille, qui m'aille vraiment! J'ai fait un patron en fonction de mes exigences personnelles. »

Si une femme seule, divorcée, ayant deux enfants à charge, sans argent ni formation, a pu réussir à s'imposer sur un marché saturé avec un concept et un produit originaux, et à faire prospérer son entreprise, nul doute qu'il vous soit possible, à vous aussi, de vous créer des occasions d'emploi.

C'est plein de bon sens! Croyez-moi! Après la pluie vient le beau temps!

John Prunty

John Prunty était connu dans tout le quartier comme « le roi de la course ». En 1965, en effet, la course à pied n'était pas le sport populaire qu'elle est devenue aujourd'hui. Tandis qu'il faisait son tour de piste aux petites heures du matin, on ne manquait jamais de la taquiner gentiment et de pouffer de rire sur son chemin. Le 6 juin 1973, John fit son tour habituel de vingt et une minutes. Il ne savait pas que c'était là sa dernière course.

51

Plus tard, ce même matin, John, en compagnie de cinq camarades, ouvriers comme lui dans la construction, se hissait sur le toit d'une petite maison. C'était l'une de ces journées oppressantes, caniculaires, qui rendait le travail pénible. John était au sommet de l'échafaudage lorsque le contremaître lui demanda de lui passer un outil. Tandis qu'il se penchait pour l'attraper, John fit un pas en avant, un parpaing se déplaça et céda sous son poids.

Il résista à la tentation de sauter, pensa pouvoir retrouver son équilibre et éviter ainsi de se fracture la cheville, trois mètres plus bas, sur la pelouse bosselée. Mais, trop tard, rien à faire, John basculait déjà dans le vide. Il parut un instant flotter, comme en état d'apesanteur, comme s'il gravitait dans le cosmos.

Ce vol eut une fin cruelle. Sa tête reçut de plein fouet l'impact de ses soixante-douze kilos. Voici ce qu'a dit John :

« Je frémis encore quand je pense au craquement sinistre de mes vertèbres sous le choc. La pesanteur m'a collé le menton à la poitrine, au cours de ma trajectoire. J'ai tout de suite senti que mes jambes ne réagissaient plus.

« La peur, la colère, la frustration me sont montées par bouffées à la gorge. Rien à faire, pas moyen de me relever. Seule ma tête obéissait aux impulsions de mon cerveau. J'ai entendu crier en haut : *Hé! John est tombé!* Je mêlais les jurons et la prière. J'ai tourné la tête vers la gauche et j'ai vu, à quelques centimètres, une paire de bottes tournée vers moi. C'était grotesque, on aurait dit les miennes. *C'est étrange*, me suis-je dit, *mes jambes sont droites!* Elles ne l'étaient pas et cette découverte devait me terrifier.

« Je ne sentais aucune douleur... jusqu'au moment où on m'a légèrement soulevé la tête pour placer un coussin dessous. Là, la douleur a été telle que j'ai dû demander qu'on l'enlève. J'avais l'impression que ma tête ne tenait que par un fil. Chaque fois que je la tournais, même légèrement, la douleur s'accentuait et je me disais bizarrement que le fil allait se casser, que ma tête allait se détacher. Je devais faire de gros efforts pour ne pas perdre connaissance.

« En un rien de temps, les secouristes sont arrivés et se sont efficacement mis à l'oeuvre pour me glisser sur une civière. J'appréhendais cette opération, parce que la douleur était maintenant très aiguë. La compétence, les mots réconfortants des équipiers m'ont rassuré, tandis qu'ils s'appliquaient à modérer au possible les effets de mon trauma.

« Une fois dans l'ambulance, j'ai commencé à me sentir un peu mieux. Je me réconfortais avec l'idée que je serais bientôt pris en charge par des experts qui recolleraient les morceaux.

« À l'hôpital, le neuro-chirurgien qui s'est occupé de mon cas m'a fait installer sous un appareil de radiographie. Il est monté sur la table à genoux et s'est mis à déplacer ma tête dans un sens et dans l'autre pour obtenir les angles désirés pour les clichés. Je savais déjà ce que c'était que la douleur, mais je crois bien que je n'ai jamais connu une douleur pareille. Peu de temps après, le médecin m'a confirmé la triste nouvelle que m'on cou était bel et bien fracturé, entre les cinquième et sixième vertèbres cervicales. Enfant, j'avais appris à prier, alors je me suis tourné vers Dieu, Lui demandant de me donner la force de supporter tout ce qui pourrait se présenter sur le chemin incertain de la vie.

«La nuit m'a paru interminable... J'ai passé des heures terribles à revivre les atroces événements de la journée, à les passer et les repasser dans ma mémoire.

«Mais d'entre les douleurs et la confusion d'une blessure traumatisante, qui bouleversait ma vie et risquait d'être mortelle, me sont revenus en mémoire les mots de ce président confiné à une chaise roulante, Franklin D. Roosevelt: *Nous n'avons rien d'autre à craindre que la peur elle-même.* Ma réaction est alors devenue positive, une nouvelle consécration, une nouvelle affirmation de l'amour... des prières de supplication à Dieu, dont le projet allait certainement prendre forme dans les jours à venir, et des prières d'action de grâce pour la vie qui m'avait été gardée pour d'autres entreprises.

«Mais le vrai combat était encore à venir!

«J'ai pris brusquement conscience, à mon réveil, des «pincettes» fixées des deux côtés de ma tête. Je n'ai pas tardé à découvrir que moins je bougeais, moins je souffrais. J'avais l'impression d'être emmailloté comme une momie des pieds à la poitrine. C'était effrayant parce que ça voulait dire que ma sensibilité était disparue. J'étais entouré de toutes sortes d'appareils, de gadgets. Une infirmière, à laquelle j'attribuais une omniscience et une omnipotence virtuelles, semblait avoir le don d'intervenir sur-le-champ dès que quelque chose allait de travers. C'était la première fois de ma vie que j'étais hospitalisé; ce milieu m'était totalement étranger. C'était comme si je vivais un roman lu, un jour, dans mon passé. »

Au cours des semaines suivantes, il devint de plus en plus manifeste que les principaux effets de la blessure de John seraient permanents. Il n'en continua pas moins à nourrir l'espoir qu'un miracle se produirait qui restaurerait sa moelle épinière, lui permettant de communiquer les messages, tous les messages, de son cerveau.

Avec cette idée en tête, John commença à s'appliquer à guérir. Il chercha à découvrir le maximum d'informations sur ce qu'il lui fallait pour se rétablir. Il n'eut même pas à demander, car il surprit un jour les propos d'infirmières à son sujet : « Les quadraplégiques, ils sont tous comme ça ! » John n'avait jamais vu de sa vie un quadraplégique. En fait, il ne pouvait même pas épeler ce mot, et voilà, soudain, qu'il en était un !

Ce fut sa minute de vérité : ce jeune père apprit ainsi qu'il était quadraplégique, la victime de son cou brisé, paralysé à vie !

Mais il était vivant ! C'était dur... mais John était plus dur que ça.

Il m'a dit : « J'ai résolu de survivre. Les trois D sont devenus ma ligne directrice : désir, dévouement et détermination. Je savais qu'il fallait que je stimule et cultive le *désir* de vivre, de guérir, de discerner mon potentiel réel. J'avais ensuite à me *dévouer* à cette idée. Seule la *détermination* m'assurerait la victoire. J'ai résolu de ne jamais renoncer ! »

Aujourd'hui, après plus de huit années passées dans une chaise roulante, John affirme que la vie ne pourrait pas être meilleure qu'elle l'est pour lui.

Il dit : « Je sais qu'il n'y a pas de place dans mon existence pour les récriminations, l'amertume, la haine. Je crois de toute mon âme que haïr, c'est détruire. Ce que je veux, c'est aimer et prouver, ce faisant, que le coeur conserve sa fonction décrétée par Dieu. Je sais maintenant que les vrais infirmes sont ceux qui jugent de la beauté à la seule mesure de la perfection physique.

« J'ai décidé que mon accident était quelque chose dont je devais accepter la réalité. Ce serait un boulet à ma vie ou, dans l'esprit de la conscience du possible, ce serait un jalon déterminant dans ma vie. J'ai résolu de l'accepter. Je *me* suis accepté tel que je *suis* plutôt que tel que je *voudrais* être. Je n'ai qu'à sourire et faire un clin d'oeil à un enfant aux yeux étoilés dans un supermarché, tandis que je passe dans le ronron du moteur électrique de ma chaise roulante, pour provoquer des commentaires tels que celui qu'un jeune m'a fait dernièrement : *Ah ! ben ça, vous êtes chanceux, vous !* »

John ne se contente pas de faire des clins d'oeils et des sourires aux enfants qui passent. Il dirige aujourd'hui sa propre affaire, une affaire de gardiennage d'enfants professionnel au service de sa ville et de ses hôtels. Il consacre également nombre d'heures à son travail de conseiller bénévole au centre de consultation téléphonique des personnes en crise NEW HOPE de la Crystal Cathedral. Grâce à ce nouvel espoir qu'il a trouvé, il est capable d'en offrir aux personnes en dégresse qu'il conseille.

John Prunty a réussi. Il a survécu, parce qu'il sait qu'*après la pluie vient le beau temps !*

Sundo Kim

J'ai fait sa connaissance ici en Californie, bien qu'il habite en Corée. Mon premier voyage dans ce pays a eu lieu juste après la guerre de Corée. Je n'avais jamais vu un pays aussi morne, sinistre, désolé. Rien ne venait attendir le paysage, arbres, buissons ou verdure.

Toute la végétation avait été détruite pour subvenir aux besoins de la population. Les arbres même avaient été écorcés et coupés. Leurs feuilles avaient servi de légumes. Leurs écorces avaient été bouillies en une soupe épaisse et noire. Les troncs et les branches dénudés avaient été brûlés pour servir de bois de chauffage par des températures inférieures à −15 degrés. L'époque était dure en Corée!

Dans la multitude de pauvres réfugiés qui fuyaient le Nord, il y avait une foule de chrétiens. Ces chrétiens avait foi en un Dieu qui n'abandonnait pas ceux qui Lui restaient fidèles. Aussi s'accrochaient-ils à leur espoir en Dieu. Un jeune pasteur coréen de ce pays appauvri avait reçu une bourse du Fuller Seminary, de Californie. Tandis qu'il y étudiait, nous l'avons invité à une réunion tenue dans notre temple.

Imaginez seulement comme ce jeune homme a dû être impressionné lorsqu'il a découvert la tour de treize étages et notre moderne sanctuaire et les fontaines! Il a entendu et cru ce que nous enseignions à notre institut: «Croyez et vous pourrez.» Il a pris des photos de la tour et des photos du temple. Il s'est mis à rêver qu'il construirait un temple similaire, un jour, en Corée.

Il y a quatre ans, je retournais en Corée. Lorsque ce pasteur a appris que j'arrivais, il m'a demandé de faire une allocution dans son temple. Tout ce qu'il avait, c'était une tente, mais il se réjouissait ainsi que ses brebis. Je lui ai répondu que je serais honoré de donner un sermon dans sa tente le samedi soir.

Mais, le samedi matin, on m'a appelé au téléphone. Ma fille, Carol, avait été grièvement blessée dans un accident de moto. Nous avons pris, ma femme et moi, le premier avion, et je n'ai pas pu honorer ma promesse. Mon ami a dû annoncer à un millier de personnes que je ne pourrais pas venir comme convenu.

Il y a à peine quelques semaines, je suis retourné en Corée, à Séoul, pour y recevoir un diplôme *honoris causa* de l'université Hangyang. Lorsque mon jeune pasteur a appris que je séjournerais en Corée, il m'a dit: «Monsieur Schuller, il y a quatre ans, vous m'avez fait la promesse de venir prendre la parole dans mon temple. Vous ne l'avez pas honorée; bien sûr c'était pour une raison valable, mais maintenant il faut que vous veniez voir mon temple.» Mon programme voulait que je ne séjourne en Corée que quarante-huit heures... mais je lui ai néanmoins promis que je tâcherais de passer le voir.

J'avais été renversé d'étonnement à mon arrivée en Corée. La différence en quatre ans était incroyable. Nous avions atterri dans un bel aéroport qui est une grande réussite architecturale. Tout autour, un parc magnifique avec ses pelouses, ses arbres et ses cascades. Dans le centre, on avait reconstruit un splendide hôtel, si élégant que sa promenade est pavée de granit poli et que son entrée est constellée de carreaux de céramique. Roulant sur la magnifique avenue qui traverse Séoul, je l'ai aperçue! Haute et droite dans le ciel, se dressait la réplique de notre Tour de l'Espoir de Garden Grove en Californie; quatorze étages surmontés d'une croix! À côté, un temple ravissant de quatre mille places. C'était le temple du pasteur méthodiste!

Le jeune pasteur, en m'accueillant, a dû voir ma surprise et mon émerveillement. Il m'a fait visiter le temple, m'a présenté aux membres du conseil et aux diacres pour me confier, enfin, qu'ils avaient plus de douze mille membres. «C'est renversant! C'est merveilleux!» me suis-je exclamé.

Il avait, lui aussi, appris cette leçon: *Après la pluie vient le beau temps!*

C'est renversant, ce que Dieu peut faire, lorsque nous Lui laissons un peu de temps pour mener à bien son plan!

En l'espace de quatre années (1978-1982), une bande d'un millier de chrétiens pauvres était passée d'une tente, d'un petit terrain vague de Séoul, à une cathédrale de quatre mille places. C'est aujourd'hui le plus grand temple méthodiste de la planète!

Carol Schuller

Au cours de cette même période de quatre années, nous avons vu, ma femme et moi, notre fille Carol passer d'un lit d'hôpital à des pentes de ski.

Lorsque, de Corée, nous sommes arrivés à son chevet à Sioux City, en Iowa, après son accident de moto, j'étais bouleversé. Elle se trouvait dans le service des soins intensifs. Son corps était couvert d'ecchymoses, brisé, à peine reconnaissable. Mais son moral était bon.

Lors de ce long voyage de retour, je m'étais inter-rogé. Quels seraient mes premiers mots? Elle régla le pro-blème en prenant la parole la première: «Je sais pour-quoi c'est arrivé, papa. Dieu veut se servir de moi pour aider ceux qui sont blessés.»

Tel était son moral, son attitude positive, qui l'a sou-tenue au cours de ses sept mois d'hospitalisation, de per-fusions et de complications circulatoires. Cette attitude positive lui a donné le courage de lutter contre une très grave infection qui a mis sa jambe et sa vie en danger. Elle a tenu bon jusqu'à ce qu'un nouveau remède soit autorisé par l'administration fédérale. Le remède qu'il fallait, un vrai miracle.

C'est cette même attitude positive qui l'a aidée à pas-ser de son lit d'hôpital au statut de membre «handicapé» de la famille et de l'école. Elle l'a aidée à se sentir à nou-veau normale et saine.

Elle a refusé de laisser sa jambe artificielle l'empê-cher de vivre la vie active qu'elle aimait, la pratique de la balle molle, par exemple. La dernière photo que nous ayons de Carol avec ses deux jambes la représente en tenue de balle molle. L'athlète de la famille. Carol adore la balle molle.

L'été qui a suivi son accident, j'ai été renversé à l'en-tendre me dire: «Papa, je me réinscris cette année dans l'équipe de balle molle.»

«Formidable!» lui ai-je répondu, de crainte de la décourager.

À l'époque, la jambe artificielle de Carol était fixée juste en-dessous de son genou. C'est à peine si elle arrivait à plier son genou à trente degrés. Sa démarche était raide. Courir était, pour elle, hors de question.

Pourtant, je l'ai emmenée à l'école du quartier où la file des parents accompagnant leurs filles s'allongeait pour les inscriptions à l'équipe de balle molle. Carol s'est inscrite, puis est allée chercher sa tenue.

Tandis qu'elle montait péniblement dans la voiture et qu'elle disposait son tricot, ses chaussettes et sa casquette sur ses genoux, je me suis tourné vers elle et lui ai dit: «Carol, comment crois-tu pouvoir jouer à la balle molle, si tu ne peux pas courir?» Le yeux brillants, elle m'a lancé du tac au tac: «J'ai tout calculé, papa! Quand on frappe un coup de circuit, on n'a pas besoin de courir.»

Ma fille est une dure à cuire. Elle aussi, elle a survécu. Et je peux vous dire qu'elle a frappé assez de coups de circuit, cette saison-là, pour justifier pleinement sa présence dans l'équipe!

Carol a appris sa leçon. *Après la pluie vient le beau temps.* Elle a dû subir six opérations depuis sa première amputation. Aujourd'hui, elle fait du ski et a atteint son objectif: décrocher une médaille d'or aux épreuves de qualification, ce qui lui a permis d'accéder à ce corps d'élite des skieurs qui participent aux championnats nationaux de ski! En mars 1983, tête baissée, elle a pris place parmi les champions nationaux... à l'âge tendre de dix-huit ans! Bien sûr, elle boitille encore un peu. Elle attire les regards curieux des étrangers. Mais son attitude positive l'aide.

L'été dernier, nous avons eu, ma famille et moi, le privilège d'être invités par l'American-Hawaiian Steamship Company à une croisière d'une semaine dans l'archipel d'Hawaï. Ce fut absolument merveilleux! La coutume veut, dans cette croisière, que, lors de la nuit d'adieu, un spectacle soit monté auquel tout passager peut participer. Carol, qui avait alors dix-sept ans, nous a surpris en nous annonçant: « Je vais participer au spectacle, ce soir. »

Carol ne sait pas chanter et, bien sûr, elle ne peut pas danser. J'étais donc tout naturellement curieux de voir ce qu'elle nous préparait. Carol n'est absolument pas gênée d'être vue en short ou en maillot de bain, bien que sa jambe artificielle couvre le moignon de sa jambe gauche jusque sous la hanche. Mais elle est pleinement consciente du fait que les gens la regardent à la dérobée, intrigués par ce qui lui est arrivé.

Le vendredi soir, le soir du spectacle, ma femme et moi nous sommes installés dans le salon en compagnie des six cents passagers. Le spectacle devait avoir lieu sur la scène de cette magnifique salle. Comme vous pouvez l'imaginer, les scènes qui furent jouées ce soir-là sentaient l'amateurisme. Puis, ce fut le tour de Carol.

Elle monta sur la scène vêtue non d'un short ni d'une tenue hawaïenne, mais d'une robe longue. Elle était ravissante. Elle s'approcha du micro et dit: « Je ne sais pas vraiment quel talent je possède, mais je me suis dit que j'avais, ce soir, une belle occasion de vous donner ce que je pense devoir à vous tous... une explication. Je sais que vous m'avez observée toute cette semaine, intrigués par ma jambe artificielle. Je me suis dit que je me devais de vous raconter ce qui m'est arrivé. J'ai eu un accident de moto. J'ai failli y passer, mais on m'a fait des transfusions et mon pouls est revenu à la normale. Ils m'ont

Il est impossible de vraiment échouer si on prend au moins la peine d'essayer.

amputée sous le genou, et plus tard, à la hauteur de l'articulation. J'ai passé sept mois à l'hôpital, sept mois d'antibiotiques par intraveineuses pour réduire l'infection. »

Elle fit une pause, puis reprit : « Si je possède un talent, c'est celui-ci : je peux vous assurer que, au cours de cette période, ma foi est devenue une chose très réelle pour moi. »

Le silence se fit soudain dans le grand salon. Les serveuses cessèrent le service. Plus un seul tintement de verres. Tous les yeux étaient fixés sur cette grande blonde de dix-sept ans.

Elle poursuivit : « Je vous regarde, vous, les filles qui marchez sans boiter ; j'aimerais marcher comme vous. C'est impossible, mais voici ce que j'ai appris, et je veux vous le confier : l'important, ce n'est pas comment on marche, c'est qui marche avec vous et avec qui vous marchez. »

Elle fit une nouvelle pause et ajouta : « J'aimerais chanter une chanson au sujet de mon ami, le Seigneur. » Et elle se mit à chanter :

« Il marche avec moi,
Il parle avec moi
Il me dit que je suis à Lui,
Et la joie que nous partageons
Lorsque nous prions
Personne ne peut la connaître.

« Merci. »

Pas un oeil qui soit resté sec, pas un coeur qui n'ait pas été touché cette nuit-là. Les temps durs passent, la force d'âme demeure ! Parce que les âmes fortes savent que, avec les hommes, ça peut paraître impossible, mais qu'avec Dieu *tout est possible*!

Qu'est-ce qui fait qu'une personne survit et s'épanouit? Pourquoi est-ce que certains sont assez forts pour surmonter les moments difficiles? Ces questions n'ont jamais été aussi importantes qu'aujourd'hui, parce que nous traversons l'une des périodes les plus dures que notre pays ait jamais traversées. Il ne suffit pas de parler des stratégies de la réussite. Il nous faut revenir aux principes de base qui portent fruit. Et les seuls principes en lesquels nous puissions croire sont ceux qui ont été essayés, testés, éprouvés.

Vous qui lisez ces lignes n'avez pas le temps de vous livrer à des expériences. Vos énergies, vos ressources sont limitées. Vous voulez être certain que votre prochaine expérience ne sera pas quelque caprice insensé.

La conscience du possible est efficace. Elle a aidé d'innombrables gens à survivre aux temps difficiles. Elle peut vous aider, vous aussi! C'est que la conscience du possible n'est pas une attitude vague. C'est un principe à toute épreuve. Je vais vous montrer précisément dans cet ouvrage comment la conscience du possible peut vous aider à traverser les temps d'épreuves que nous vivons aujourd'hui. Votre vie peut devenir aussi celle d'un survivant. Vous en avez les moyens. Vous pouvez remporter la victoire, si vous suivez attentivement le programme de conscience du possible exposé dans les chapitres à venir. Le premier pas en est de placer vos problèmes dans leur juste perspective. Vous avez des problèmes, soit. Peut-être sont-ils les pires que vous ayez jamais connus. Mais, selon toute probabilité, de tous les problèmes possibles, ce ne sont pas les pires. Aussi graves qu'ils soient, il y a toujours pire. Montrez-vous-en heureux. Placez votre problème dans sa juste perspective. Ne faites pas une montagne d'une simple taupinière.

Tout le monde a des problèmes. Aucune existence n'y échappe.

Il vous faut maintenant apprendre à résoudre et maîtriser les problèmes. Il n'existe pas, certes, une solution à chaque problème; cependant, tout problème peut être maîtrisé positivement. Vous trouverez, au chapitre 4 de cet ouvrage, des instructions précises sur la façon de maîtriser créativement vos problèmes.

«Maîtriser», c'est-à-dire «contrôler». Trop nombreux sont les gens qui perdent le contrôle de leur existence en abandonnant la barre à des facteurs extérieurs. Nous allons traiter des nombreux facteurs susceptibles de s'assurer, à votre insu, le contrôle de votre existence.

Qui tient la barre dans votre vie? Vous pourrez la tenir, si vous suivez les dix commandements de la conscience du possible. On juge impossibles de nombreuses solutions à nos problèmes. Il s'ensuit que trop de solutions sont rejetées sans même être essayées. Les dix commandements de la conscience du possible vous indiquent comment vous pourrez tirer le maximum de profit des idées que Dieu vous inspirera.

Comment Dieu nous inspire-t-il des idées? J'ai reçu la plupart des idées qui ont fourni la solution à mes problèmes apparemment insolubles en pratiquant un jeu que j'appelle: «Compte jusqu'à dix et gagne.» C'est simple comme bonjour, mais ça peut transformer votre vie. Je vous l'expliquerai au chapitre 7.

Ensuite, losque vous aurez découvert et appliqué ces principes, il vous faudra mettre votre foi en action. Je vais vous exposer les cinq étapes de la foi capables de vous mettre sur la voie. Les personnes qui surmontent les épreuves sont celles qui ne renoncent jamais à croire. Elles ont foi en elles-mêmes, en leur Seigneur et dans les idées que Dieu leur inspire. Ces victorieux, ces survivants appellent dans leurs prières les conseils de Dieu et, dès qu'ils savent ce qu'ils ont à faire, ils passent à l'action. Ils se mettent à l'oeuvre. Pour vous aider à vous engager dans cette voie, la dernière partie de ce livre est consacrée, dans sa totalité, à l'alphabet de l'action. Les temps que nous traversons sont difficiles, les traverser ne dépend que de vous. Il faut que vous vous mettiez en action.

Vous allez peut-être dire : « C'est facile à dire, monsieur Schuller; ces idées, ces principes valent pour les autres. Ils sont instruits. Ils ont le choix. Ils ont les moyens financiers. Ils ne sont pas dans ma situation. »

Eh bien, je vous réponds ceci : vous avez le potentiel de faire tout ce que vous voulez, d'être celui ou celle que vous voulez être. Du point où vous êtes, vous pouvez vous rendre partout... *à la condition que* vous soyez disposé à nourrir de grands rêves et à travailler fort.

Connaissez-vous l'histoire des trois femmes négatives qui vivaient dans un bayou ? Elles se plaignaient constamment. «Quelle malchance de vivre dans ce bayou. Pas d'avenir ici. Les autres vivent à la ville, tout leur est possible. Nous, nous ne sommes devant rien. » Voilà quelle était la sempiternelle complainte de leur existence... jusqu'au jour où une femme qui pratiquait la pensée positive est passée par là. Elle écouta leurs plaintes et dit : «Sornettes que tout ça ! Un avenir ? Vous voulez un avenir? Vous l'avez, votre avenir. Vous vivez dans le bayou. Le bayou mène à la rivière. La rivière mène au golfe. Le golfe mène à l'océan. D'où vous êtes, vous pouvez vous rendre partout!»

Oui, vous passez par des temps difficiles, mais, pour en sortir, ça dépend de vous. Alors, êtes-vous prêt? Prêt à faire de vos rêves des réalités?

DEUXIÈME PARTIE

Comment acquérir la force d'âme!

3

Placez vos problèmes
dans leur juste perspective

Quel est cet ingrédient secret des âmes fortes qui leur permet de réussir? Pourquoi survivent-elles aux orages, alors que les autres s'y embourbent? Pourquoi connaissent-elles la victoire et les autres, la défaite? Pourquoi se propulsent-elles aux sommets, tandis que les autres se laissent couler?

La réponse est très simple. Ça dépend entièrement de la façon dont ces personnes perçoivent leurs problèmes. Elles les abordent de façon pratique et réaliste. Elles ont compris les six principes dont *tous* les problèmes relèvent.

Quels sont ces principes? Si vous les connaissiez, les compreniez, les pratiquiez, seriez-vous, vous aussi, un victorieux, un survivant? Cent fois oui! Les voici. Ouvrez l'oreille et faites-les vôtres.

1. Tous les humains ont des problèmes

Quel est-il, votre problème? Êtes-vous au chômage? Si votre conscience en est une de l'impossible, vous pensez sans doute qu'un emploi serait la solution à tous vos problèmes. Mais, à la vérité, les gens qui ont un emploi ont aussi des problèmes. La majorité d'entre eux se plaignent d'avoir à se présenter, les lundis matins, à leur travail.

Bien plus, une foule de gens ont des emplois qu'ils n'aiment pas. Ils sacrifient leur bonheur cinq jours par semaine. Ils travaillent pour vivre au lieu de vivre pour travailler. Ils ont leurs emplois en horreur. Ils se rendent à leurs bureaux et à leurs usines à reculons. Une fois rendus, ils passent le plus clair de leur temps à cultiver des pensées négatives. Ils se concentrent sur les aspects déplaisants de leurs tâches.

Certains croient que leurs problèmes tiennent au fait qu'ils sont soumis à un patron. Ils se disent faussement qu'ils seraient heureux s'ils étaient à leur propre compte. S'il est vrai qu'ils pourraient connaître de plus grandes satisfactions, il n'en est pas moins vrai également que bien des travailleurs indépendants sont aux prises avec plus de problèmes que les salariés. Ils doivent s'occuper de la gestion du personnel pour en tirer la productivité maximale. Vous travaillez pour un patron? C'est ce que vous croyez, mais, en réalité, c'est sans doute faux. Le plus probable, c'est qu'il travaille pour vous. Tout le monde a des problèmes, les patrons comme les employés.

Bon, alors, quelle est la réponse? La retraite? Combien de gens rêvent d'atteindre l'âge de soixante-cinq ans, forment des projets pour le jour où ils pourront se livrer au farniente, vivre au jour le jour, ne devoir d'explications à personne et jouir cependant d'un confortable revenu? Le paradis, n'est-ce pas? C'est faux. Les retraités ont aussi leurs problèmes. Nombreux sont ceux qui s'ennuient. Une part non négligeable d'entre eux passent par une dépression au début de leur retraite parce qu'ils ont l'impression de n'être plus productifs, de n'être plus bons à rien. Ils sont nombreux, en fait, à souhaiter de pouvoir retourner au travail.

Oui, mais les gens qui ont réussi? En voilà qui sont à l'abri des problèmes. Vrai? Faux! C'est le contraire qui est vrai, car la réussite n'élimine pas les problèmes, elle en crée de nouveaux. Imaginez que vous soyez assez riche pour engager les services de domestiques pour accomplir toutes les tâches que vous détestez. Séduisant, n'est-ce pas? Pas vraiment.

J'ai des amis qui sont riches à millions. Avec deux cent cinquante dollars en poche, ils ont monté, dans un garage, une affaire de fabrication de stores vénitiens pour roulottes. Au bout d'un an, ils avaient réussi à épargner, à même leurs profits, quelques milliers de dollars. Deux ans plus tard, ils avaient fait fructifier cette somme qui atteignait maintenant dix mille dollars, argent qui leur a permis de construire leur premier domicile, une roulotte tout équipée avec ses stores vénitiens. Leurs ventes se sont multipliées, atteignant une somme rondelette, ce qui leur a permis d'épargner près de cinquante mille dollars. Les années passèrent... l'expansion de leur affaire continua.

Ils ont quitté leur petite roulotte pour une maison plus spacieuse. Quelques années plus tard, ils se sont établis sur le bord de mer, puis dans un ranch de 90 acres, avec tout le confort voulu et de nombreux domestiques.

Aujourd'hui, avec une fortune de près de cent millions de dollars, ils se sont fait bâtir une résidence à Beverly Hills. Eh bien, vous ne me croirez pas! Il n'y a pas de chambres de domestiques dans cette magnifique

Ce qui doit être dépend

de moi !

demeure. Pourquoi? Ils en ont eu assez de n'avoir aucune intimité du fait de la présence de domestiques, assez des problèmes des relations avec eux, assez d'être servis. Ça créait plus de problèmes qu'ils n'en avaient besoin. Ils font maintenant la cuisine et le ménage eux-mêmes.

Oui, tous les êtres humains ont leurs problèmes. Les gens passifs, quant à eux, ont les problèmes de leur inertie et, ainsi, de leur manque d'entrain et d'enthousiasme. Ils vivent sur un bas régime d'énergie, s'ennuient. Et l'ennui n'est pas un gage de satisfaction et de bonheur. Les gens passifs, en croyant, par leur inertie, éviter les problèmes, s'en créent, en fait, de nouveaux.

Et les êtres actifs? L'étudiant qui s'acharne à n'obtenir que des A? L'alpiniste, rivé à la falaise au risque de sa vie pour relever les défis grandioses qu'il s'est lancés? Le handicapé occupé jour après jour aux pénibles exercices de sa physiothérapie? Des problèmes? Oui, certainement! Ils risquent l'échec, ils risquent de cuisantes déceptions, de mordre la poussière au terme d'années de durs efforts.

Et les victorieux, ceux qui sont parvenus aux sommets? Ces personnes ne connaissent-elles pas un sentiment de liberté, d'autonomie par rapport aux problèmes? Ne se sont-elles pas libérées de l'ennui qui ronge les résignés, de la peur de l'échec qui taraude les entrepreneurs? N'est-ce pas, déjà, connaître le paradis que d'avoir atteint le sommet, d'être élu président des États-Unis?

J'ai connu l'expérience de la réussite dans mes entreprises. Je peux témoigner que celui qui est arrivé connaît souvent de plus graves problèmes que celui qui arrive.

Bien sûr, c'est merveilleux de décrocher les palmes de la réussite. Mais affirmer de là qu'on laisse alors les problèmes derrière soi est une erreur. L'expérience m'a appris que celui qui est arrivé affronte des problèmes pires que celui qui veut arriver.

Je n'aurais pas accepté cette notion en 1955, lorsque j'avais vingt-huit ans. J'avais alors reçu, des Églises réformées d'Amérique, la mission d'ouvrir un nouveau temple en Californie. On nous avait promis la somme de cinq cents dollars en liquide. Nous n'avions ni argent, ni contacts, ni amis. Nous n'avions rien d'autre qu'un rêve. Mais l'expérience m'a appris que, si vous caressez un rêve, vous avez tout, y compris une belle masse de problèmes. Je rêvais au jour où j'atteindrais mes objectifs, où je serais victorieux, témoin satisfait de ma réussite, de la réalisation de mon rêve. Je rêvais au jour où mes palmes balaieraient mes problèmes.

J'ai dressé un plan étalé sur quarante années. Je voulais être le bâtisseur de l'un des plus grands temples du monde. Je croyais alors, comme je continue de le croire aujourd'hui, que le temple est la seule institution humaine qui soit totalement consacrée à garder la foi vivante dans le coeur des hommes et des femmes. Sans cette dynamique de la foi, la race humaine serait condamnée.

J'estimais que, pour réussir, mon temple devait comprendre environ six mille membres. J'ai divisé six mille par quarante pour en arriver à la conclusion que je pourrais réussir en quarante ans. Tout ce que j'avais à faire, c'était de trouver cent cinquante membres par an.

Je m'y suis mis vigoureusement, j'ai consacré toute mon existence à mon temple. Conclusion? J'ai appris que les grands rêves ne sont jamais comblés : ils sont transcendés. Au bout de quinze ans, mon temple comprenait déjà mon objectif de six mille membres. Le succès. Richard Neutra a conçu un temple magnifique qui peut accueillir mille cinq cents fidèles à chacun des deux services du matin.

Puis l'occasion se présenta d'un ministère religieux télédiffusé. Nous avons pu ainsi atteindre plus d'auditeurs que nous n'en avions jamais rêvé. Non seulement mes objectifs étaient-ils atteints, ils étaient éclipsés.

J'étais arrivé. Je connaissais la réussite. Étais-je heureux de mes lauriers, de cette satisfaction qui accompagne une oeuvre de valeur ? Ma vie était-elle libre de tout problème ? Non ! Les problèmes croissaient du même pas que ma réussite.

Pour commencer, la réussite attire les gens. Nous recevions plus de gens que nous ne pouvions en accommoder. Notre sanctuaire se révélait trop petit pour contenir tous les gens qui se présentaient. De semaine en semaine, les gens venaient, voyaient les foules, s'irritaient de ne pas trouver de stationnement et repartaient, sans même être sortis de leurs voitures. Mon coeur souffrait pour eux.

Nous avons décidé de régler le problème en créant une section assise de complément à l'extérieur du temple. Neutra ayant conçu une vaste baie vitrée donnant sur une belle pelouse, ils était tout indiqué de placer les chaises dehors sous le beau soleil californien. C'était une excellente idée. De nombreux fidèles ont choisi de s'installer dehors dans ce que nous avons appelé « le temple de verdure »... jusqu'au jour où il s'est mis à pleuvoir...

Le désastre. Des centaines de gens assis en plein air sans protection, sans abri. Au milieu de mon sermon, un nuage, venu d'on ne sait où, avait crevé; pas une averse, des cataractes. Les gens quittaient en hâte leurs sièges pour aller s'abriter. Mais d'abri, il n'y en avait pas. Le temple était plein à craquer et les règlements du service des incendies nous interdisaient de les laisser se mettre au sec à l'intérieur du sanctuaire. Ils n'avaient pas le choix. Ils se sont rués vers leurs voitures et sont partis. Ce fut, pour moi, une sombre journée.

Mais j'avais atteint tous mes objectifs. J'ai tenté de me déboutonner, de jouir tranquillement de ma réussite, mais j'ai bientôt senti que je me desséchais. Il ne m'a pas fallu longtemps pour découvrir que la seule joie dans la vie est la joie de donner. Sans plus d'objectifs, je me retrouvais malheureux comme une pierre.

Je me suis alors tourné vers les êtres qui se sentent vides, qui souffrent, qui ont besoin de guérir. Plus je m'impliquais dans ces situations difficiles, dans ces cas douloureux, plus s'imposait la conclusion inévitable qu'il nous fallait des locaux plus vastes. Je me suis interrogé sur le moyen d'augmenter la capacité de notre sanctuaire. Nous avons engagé un architecte, lui avons demandé de dresser des plans pour porter sa capacité à trois mille places assises en abattant un mur.

Deux années et vingt mille dollars plus tard, nous en sommes arrivés à la conclusion que ce serait ruiner le cadre paysager de notre temple. Le coût de tels travaux dépasserait le million de dollars pour des résultats disgracieux. Nous sommes tombés d'accord que ce n'était pas là la solution. Au cours des trois années suivantes, nous avons dépensé trente mille dollars de plus en engageant les services d'un bureau d'études qui a créé la maquette d'un bâtiment pouvant accommoder de trois à quatre mille personnes au coût de quatre à cinq millions de dollars. Nous avons loué les services de professionnels des campagnes de financement, mais la campagne a avorté. L'échec.

Cinq années, cinquante mille dollars et deux bureaux d'études plus tard, notre problème restait entier. Un jour, comme je feuilletais un magazine, je suis tombé sur un article sur Philip Johnson. Curieusement, je me suis dit qu'il tenait la clé de la solution. Je l'ai appelé pour lui demander s'il pouvait nous créer un bâtiment de trois à quatre mille places, et j'ai ajouté : « Ma seule exigence, c'est qu'il soit tout en verre. »

« Tout en verre ? » a-t-il répété, stupéfait.

« Oui, *entièrement* en verre. » Ce rêve d'un temple de verre tenait à la nostalgie de la rivière de mon enfance en Iowa. Je voulais pouvoir à nouveau adorer sous le vaste ciel.

« Combien d'argent pouvez-vous vous permettre de consacrer à cette entreprise ? » me demanda-t-il.

« Nous devons quatre millions de dollars aux banques à amortir sur vingt ans. Nos revenus ne nous permettent pas de nous engager davantage. Nous venons d'emprunter deux cent mille dollars de plus auprès des banques pour retenir vos services. Il faut que la conception de l'édifice soit telle qu'elle génère son propre financement. »

Trois mois plus tard, il nous présentait une maquette de 15 centimètres : une structure toute en verre, en forme d'étoile à quatre pointes d'une envergure de 130 mètres. Le toit de verre, qui paraîtrait flotter dans l'espace, dépassait de 30 mètres la longueur d'un terrain de football. À son point le plus élevé, elle atteignait douze étages! C'était saisissant! Incroyable!

Cet édifice est, aujourd'hui, devenu réalité. Il a fourni la solution à un problène. Mais, bien évidemment, avec la création de la cathédrale de cristal, nous avons hérité de toute une série de nouveaux problèmes. Les structures de verre constituaient un cauchemar pour les ingénieurs du son. Nous l'avons réglé. Mais ça n'a pas été facile! L'entretien de la cathédrale représente également un défi colossal. Savez-vous seulement combien il faut de laveurs de carreaux pour son entretien? (On m'a dit que les actions de Windex ont crevé le plafond quand la cathédrale a été terminée.) Son budget d'entretien dépasse de très loin ce à quoi nous nous attendions. L'obtention de fonds pour la garder pimpante et ouverte au public est un des problèmes qui se sont présentés à nous... et nous l'avons résolu!

Voilà les problèmes dont j'ai hérité lorsque j'ai réglé celui du manque de capacité du temple original. Bien sûr, l'un dans l'autre, c'est acceptable. Je préfère et de loin ces problèmes de budget et d'entretien à celui d'avoir à refuser aux gens le droit d'adorer Dieu, de restaurer leurs émotions et leur esprit.

Mais voilà, une fois la cathédrale construite et mon objectif atteint, je me suis retrouvé encore une fois aux prises avec la question d'une absence d'objectifs.

Après une cathédrale de cristal, où se rendre? Comment contrôler le stimulant émotionnel de ce sommet qui vous défie de le vaincre? Une fois l'Everest conquis, où s'élever? Que fait un président des États-Unis à la retraite pour avancer et vibrer encore?

Voilà, c'est clair: Personne n'échappe aux problèmes. Une vie qui échappe aux problèmes est une pure illusion, un mirage dans le désert, déroutant, dangereux, affolant. Partir en quête d'une existence libre de tout problème, c'est poursuivre un rêve insaisissable, c'est gaspiller ses énergies. Tout être humain connaît des problèmes. Acceptez ce fait et passez au deuxième principe.

2. Tout problème a ses limites

À toute montagne son sommet. À toute vallée son creux. À toute vie, ses hauts, ses bas, ses pics et ses vallées. Personne ne se maintient en permanence sur la crête, ni ne demeure toujours au creux du val. À chaque problème sa fin. Les problèmes disparaissent. Ils se résolvent tous avec le temps.

Ce principe devient évident lorsqu'on étudie attentivement l'Histoire, car l'histoire de l'humanité est une succession de creux et de sommets. L'humanité atteint ses sommets lorsque les sociétés passent de la décadence à des civilisations hautement sophistiquées. La plupart des cultures, cependant, se laissent éventuellement gagner par l'usure. Au lieu d'y résister, les institutions s'adaptent au reflux. Le mouvement s'installe, s'accentue jusqu'aux eaux les plus basses pour alors reprendre son long mouvement d'ascension.

L'Histoire nous enseigne que tout problème a sa fin. Aucun n'est permanent. Avez-vous des problèmes? Ils passeront. Ils ne dureront pas. Votre problème n'est pas éternel. Vous l'êtes! Après la pluie, le beau temps. L'hiver cède toujours au printemps. Votre tourmente passera. Vos embâcles lâcheront. Votre problème trouvera sa solution.

3. Tout problème possède un potentiel positif

« C'est la gloire de Dieu de celer une chose. » (Pr 25 ; 2) Tout problème contient les ingrédients secrets d'un potentiel créatif pour vous-même et les autres.

Toute médaille a ses deux côtés. Ce qui constitue un problème pour l'un peut être une bonne affaire pour les autres. Les rats et les souris, par exemple, sont une véritable peste pour le genre humain. Et pourtant, la présence, dans la seule Amérique, de rats et de souris enrichit de dizaines de millions de dollars notre économie. Ils lui valent des milliers d'emplois! Des usines fabriquent des pièges. Des familles entières vivent des revenus des campagnes de dératisation.

De même, tout problème recèle un potentiel pour ceux qui veulent l'exploiter.

Un homme vécut si mal l'expérience de la faillite qu'il décida de venir en aide à ceux qui en faisaient l'expérience. Il joue maintenant le rôle de conseiller auprès des personnes qui vont déposer leur bilan.

Les problèmes des uns sont les chances des autres. Les hôpitaux existent parce qu'il y a des gens malades. Les avocats font affaire parce que des gens enfreignent les lois dans des moments de faiblesse ou par ignorance. Les collèges, les universités, les temples, les morgues et les cimetières existent tous pour aider les gens à dépasser leurs problèmes.

4. Tout problème nous transforme

Les problèmes ne nous abandonnent jamais tels qu'ils nous ont trouvés. Nous sommes tous affectés par les moments difficiles. Personne ne sort d'un problème sans en être affecté.

Je parlais dernièrement à un vendeur exceptionnellement prospère. Son revenu est dans les six chiffres. Quand je lui ai demandé quelle était sa formation, j'ai été surpris d'apprendre qu'il était diplômé en histoire et en pédagogie.

« Monsieur Schuller, je dois vous avouer que j'étais un professeur très ennuyeux. De ce fait, je ne tenais pas mes étudiants et n'arrivais pas à établir un contact avec eux. Je déteignais sur ceux-ci. J'étais ennuyeux parce que l'enseignement m'ennuyait. Ce n'était pas une situation saine. Du fait de ce problème, on n'a pas renouvelé mon contrat ; en fait, on m'a mis à la porte. Ça m'a rendu si furieux que j'ai décidé de me prendre en main, d'aller de l'avant. C'est ce que j'ai fait et j'ai décroché un meilleur emploi. »

C'est alors qu'il m'a sorti une brillante formule. Il m'a fixé intensément et a lancé : « Il a fallu que je me fasse saquer pour sortir de mon sac ! » Et il a ajouté : « Au fond, j'étais trop léthargique. La perte de mon emploi m'a donné un coup de fouet. Ce renvoi fut une vraie bénédiction, ma fureur m'a donné du tonus. »

5. Vous pouvez choisir la façon dont votre problème vous affectera

Vous ne pouvez peut-être pas maîtriser les orages, mais vous pouvez adapter votre réponse. Votre douleur

Ne laissez jamais un problème devenir une excuse.

peut trouver sa voie dans des jurons ou dans un poème. Le choix vous revient. Vous n'avez peut-être pas choisi la tempête, mais vous avez le choix de votre réaction.

Je me rappelle avoir vu, il y a de cela bien des années, une entrevue télévisée dont l'invité était Norman Vincent Peale. Le journaliste lui a demandé: «Monsieur Peale, quelle portée donnez-vous à la pensée positive?»

Norman Peale répondit: «Je l'applique dans tous les domaines sur lesquels j'ai prise.» Et il poursuivit: «Si j'achète un avion et que l'avion s'écrase, je n'y peux rien.» Cette réponse m'a longtemps tourné dans la tête.

Lors d'une rencontre ultérieure avec Norman Peale, je lui ai dit: «J'applique la conscience du possible non seulement dans les domaines sur lesquels j'ai prise, mais dans tous les domaines.» Il a paru troublé. Je me suis expliqué: «Nous pouvons toujours contrôler notre réaction, même quand le problème est incontrôlable.»

Lorsque vous contrôlez votre réaction aux problèmes apparemment incontrôlables de l'existence, vous contrôlez alors, en fait, les effets de ce problème sur vous. Votre dernier mot, c'est votre réaction devant ce problème. C'est la limite. Comment allez-vous vous laisser affecter par ce problème?

Il peut vous noyer ou vous aguerrir. Il peut vous rendre meilleur ou amer. Cela dépend absolument de vous.

6. Il existe, devant tout problème, une réaction positive et une réaction nétative

En dernière analyse, les gens solides qui survivent aux temps difficiles le font parce qu'ils ont choisi d'y réagir de façon positive. Ce n'est pas toujours aussi facile que ça semble.

Prenons le cas, par exemple, d'une grossesse non désirée...

Quelles sont les options? Quelles sont les alternatives? Quelles «solutions» sont véritablement des solutions? Comment déterminer quelles réactions sont positives et lesquelles sont négatives?

Permettez-moi de répondre, pour commencer, à la dernière question. La réaction positive est celle qui contribue le mieux au besoin global de valorisation de la famille humaine. De toutes mes options, je dois choisir celle qui diminue toute honte susceptible de retomber sur la famille humaine. Je dois opter pour la réaction qui, au bout du compte, m'inspirera un sentiment de fierté personnelle. Une réaction positive, de plus, contribue à la plus grande joie du maximum de personnes. Une réaction positive offre la plus grande chance de contribuer au bien de la société.

À l'inverse, une réaction négative constituerait un embarras pour moi-même et pour la famille humaine, empêchant qu'aucun bien ne sorte du problème qui se présente à moi. Inspiré par ces principes positifs du choix de la réaction la plus positive à un problème donné, je défends depuis longtemps l'idée qu'une grossesse non désirée puisse atteindre son terme naturel et que l'enfant soit offert aux prières d'une famille sans enfant. L'avortement représente la solution négative au problème.

Comment ces principes présidant au choix de la réaction la plus positive à un problème donné s'appliquent-ils aux autres problèmes?

Quelle est, par exemple, la réaction positive à adopter face à de terribles revers financiers ? Devant une telle situation, la réaction positive consiste-t-elle à nier ses obligations ? À prendre ses jambes à son cou ? À fuir dans l'alcool, les drogues, le suicide ?

Bien sûr que non ! Ces réactions négatives ne font qu'aggraver les problèmes en offrant, face à leur urgence, une « solution » temporaire.

Voler de l'argent pour payer vos créanciers est une solution négative parce que a) elle crée toute une nouvelle série de problèmes, b) elle vous expose à la peur d'être arrêté et exposé au public, c) elle vous remplit de honte et atteint votre sentiment de dignité personnelle, et d) elle nuit à l'intégrité collective de la famille humaine.

Il peut falloir du courage pour adopter la solution positive à un problème. Il faut du courage pour faire face à ses créanciers, pour traiter avec eux avec franchise et honnêteté. S'ils exigent un règlement et qu'ils vous refusent des délais, adoptez l'option légale et honorable du dépôt de bilan. Cela vous assurera un répit pour travailler à vos solutions sans commettre un crime.

Considérons maintenant le problème d'un mariage troublé, querelleur. On a longtemps estimé qu'il valait mieux pour un enfant vivre en paix avec l'un de ses parents que de vivre dans une maison où ses parents se querellent fréquemment. Du fait de cette supposition largement partagée mais sans fondement scientifique, des centaines de milliers de couples mariés ont choisi le divorce, y voyant une solution immédiate et rapide à leurs problèmes matrimoniaux. Nombre d'entre eux ont cru sincèrement que cela valait mieux pour les enfants.

Pourtant, des études récentes indiquent que ce pourrait être là, en fait, la solution la plus négative.

« Si les enfants avaient le pouvoir, le divorce n'existerait pas. » Voilà ce que le docteur Albert A. Solnit a déclaré récemment à l'académie américaine de pédiatrie. Ce psychiatre de l'Université Yale a ajouté ceci : « Nous ignorons totalement quels sont les effets à long terme du divorce sur les enfants. Si nous vivions dans un monde soumis aux désirs des enfants, le divorce n'existerait pas. »

Un autre psychiatre a affirmé que personne ne pourrait le convaincre que les enfants soient plus heureux quand leurs parents divorcent.

Le docteur Derek Miller, professeur de psychiatrie à la Northwestern University et directeur des services aux adolescents au Northwestern Memorial Hospital de Chicago, a déclaré qu'il n'existait aucune preuve qu'un enfant élevé par un seul de ses parents soit plus sécurisé et plus heureux qu'un enfant élevé par ses deux parents.

Il a souligné l'augmentation des suicides parmi les adolescents, des abus de drogues, de l'alcoolisme, des grossesses et même des homicides, problèmes qui ont vu le jour dans les années soixante et se sont accentués au cours des années soixante-dix.

Ces recherches indiquent qu'il pourrait être plus positif de demeurer ensemble en dépit des tensions et des disputes.

Mes propres parents avaient leurs querelles. J'ai le très net souvenir de violents échanges verbaux. Mais ils ne pensèrent jamais au divorce. Aussi ai-je grandi dans la certitude que la solution n'est jamais de fuir les problèmes difficiles.

J'estime que, du fait que mes parents ont maintenu leur union intacte en dépit des problèmes, je suis un être meilleur et un entrepreneur plus tenace. Leur amour victorieux m'a appris à croire dans l'importance des engagements profonds.

Si vous savez que le divorce n'est pas une option possible, il est étonnant comme vous pouvez apprendre à ressusciter votre amour.

Après la pluie vient le beau temps. Les coriaces s'accrochent. Ils ont appris, pour maîtriser les problèmes, à adopter la solution la plus positive. Voilà la clé : maîtriser les problèmes. Car, en dépit de toute notre conscience du possible, il existe, après tout, certains problèmes qui défient toute solution.

Si votre jambe est amputée, vous ne pouvez pas la faire repousser. Vous pouvez, cependant, maîtriser ce problème en étudiant toutes les manières dont une prothèse peut être adaptée, améliorée, raffinée. Vous pouvez le maîtriser en décidant de marcher mieux, plus souplement, plus vite que personne ne pourrait l'imaginer. Et, par la même occasion, vous deviendrez une source d'inspiration pour tous ceux qui entrent en contact avec vous.

La conscience du possible... je ne prétends pas qu'elle puisse résoudre tous les problèmes. Mais je ne doute aucunement que la vaste majorité des problèmes puissent être résolus si seulement nous croyons. « Pour les hommes c'est impossible, mais pour Dieu tout est possible. » (Mt 19 ; 26)

Mais si un problème défie toute solution ?

Si vous ne pouvez pas résoudre un problème, maîtrisez-le.

Les survivants. Comment s'y prennent-ils ? Lorsqu'ils ne peuvent pas résoudre un problème, ils le maîtrisent de façon originale... en suivant les douze principes qui président à la maîtrise constructive des problèmes ! Nous allons les passer en revenue dans le chapitre suivant.

4

Les douze moyens de traiter positivement les problèmes

C'était le mois d'octobre de l'année 1982. Le chômage atteignait des sommets en Amérique. Flint, au Michigan, était touché le plus durement. Mon bon ami, Tom Tipton, voulait aider les chômeurs de Flint ; il m'a demandé de diriger un séminaire d'une durée de deux jours où j'appliquerais les principes de la conscience du possible au problème du chômage.

Debout devant mon auditoire de près de cinq mille adultes, réunis dans la plus grande salle de congrès de la ville, j'ai posé cette question de pure forme : « Êtes-vous au chômage ? Alors réfléchissez à ceci : est-ce que ce problème de chômage est bien différent de n'importe quel autre problème ? N'existe-t-il pas des principes universels que nous pouvons appliquer au chômage tout comme à presque tous les problèmes graves ? »

Moi, j'affirme qu'il existe bel et bien des principes universels qui peuvent aider à traiter tout problème, y compris ce problème du chômage qui semble défier toute solution. Tout être vivant connaît des problèmes. Vous aussi. Apprenez à les maîtriser.

Souffrez-vous d'obésité? Avez-vous essayé toutes sortes de régimes en pure perte? Avez-vous perdu un être cher à la suite d'un décès ou d'un divorce? Vous a-t-on annoncé que vous avez le cancer? Êtes-vous aux prises avec des problèmes d'alcoolisme? Êtes-vous au bord de la faillite?

Si vous avez présentement un problème, quel qu'il soit, et si vous êtes d'accord, je peux vous aider. Voici les principes que j'ai confiés aux gens de Flint. Si vous les adoptez, cela vous sera bénéfique.

1. Ne sous-estimez pas vos problèmes

Ne sous-estimez pas votre problème... ni votre potentiel pour y faire face de manière originale! Il est hors de doute que de nombreux problèmes ne sont jamais résolus ni traités efficacement parce qu'on ne les prend pas assez au sérieux. Vous êtes-vous jamais laissé aller à l'une de ces pensées:

«Je ne suis pas trop gros. Ce n'est pas encore le moment de me soucier de perdre du poids.»

«Je n'ai pas de A ni de B, mais je passe tout de même.»

«Je n'ai pas fait assez d'exercices dernièrement, mais ça va aller.»

«C'est vrai que je devrais moins fumer, mais il n'y a pas de raisons de m'en faire. Le cancer des poumons, c'est pour les autres, ce n'est pas pour moi.»

Ce type de pensées est nocif! Il nous faut résister à la tentation de sous-estimer la gravité d'un problème, même s'il semble bénin à première vue. Un problème, c'est comme une grossesse. Il croît jusqu'à ce que sa présence devienne évidente. Ça n'existe pas d'être « un peu » enceinte. Aucun problème n'est trop bénin pour être négligé.

Ne sous-estimez jamais un problème ni votre aptitude à le négocier. Mettez-vous en tête que le problème qui vous tracasse présentement, des millions de gens y ont déjà fait face. Vous disposez de tout un potentiel inexploité pour le traiter, à la condition que vous le preniez au sérieux de même que vos ressources latentes et dispersées. Votre réaction, à l'égal du problème lui-même, décidera des résultats.

J'ai vu des gens adopter devant les problèmes les plus dramatiques une attitude mentale positive et vivre ainsi une expérience créative. Ils ont transformé leurs larmes en étoiles.

2. N'exagérez pas vos problèmes

Plutôt que de sous-estimer votre problème, votre réaction instinctive, et souvent la première, consiste à l'exagérer.

Fermez-vous votre affaire? Ce n'est pas la fin du monde. Vous pouvez redémarrer.

Êtes-vous chômeur? Ça ne veut pas dire que vous ne trouverez *jamais plus* d'emploi.

Dans l'avion qui me ramenait en Amérique, au retour d'un séjour solitaire et désolant en Corée, après l'accident de moto de Carol, j'étais submergé par la douleur. Je pleurais. Je priais.

Tandis que j'étais plongé dans mes prières, une phrase, aussi lumineuse que si elle avait été inscrite sur les nuages, m'a traversé l'esprit: *Minimise ton problème, maximise ta prière.* J'ai reçu cela comme un message direct de Dieu.

Voici ce que ça voulait dire à mon sens: «N'exagère pas le problème. Tu le grossis trop. Elle n'a pas perdu ses *deux* jambes. La tête n'a pas été touchée. Aucun organe vital n'a été atteint de façon permanente. Sa vie n'est pas menacée. Tu exagères grandement cet accident. Calme-toi. Prie. Adresse-toi à Dieu. Donne-Lui la possibilité de te montrer comment les larmes peuvent être transformées en étoiles.»

Vous êtes chômeur? Vous êtes déprimé au point de désirer descendre du train de la vie? Vous exagérez peut-être votre problème.

Vous préférez peut-être avoir votre jambe gauche amputée? Vous voulez peut-être échanger votre place avec celle de ma fille? Ma femme a été amputée du sein gauche à cause d'un cancer. C'est son problème que vous préférez avoir?

Dans mon expérience de pasteur, *je n'ai jamais rencontré qui que ce soit qui ait voulu échanger son problème contre celui de quelqu'un d'autre.* Donnez à votre problème sa juste perspective. Il passera avec le temps.

Posez-vous ces questions: Quel est le pire qui puisse m'arriver? Puis-je y faire face?

Si vous vous raisonnez et priez, Dieu vous donnera les moyens de faire face au pire. Cessez donc d'exagérer votre problème.

Le seul combat où la plupart échouent, c'est dans celui contre la peur de l'échec. Essayez... commencez... avancez... vous serez sûr d'avoir ainsi remporté la première manche.

3. N'attendez pas

Il existe un temps pour la patience, une fois que vous avez exploré toutes les voies possibles et que vous avez semé tous les germes de solutions possibles. Mais la patience n'est pas une vertu si vous vous contentez de baisser les bras et d'attentre que la solution se présente d'elle-même.

Si vous êtes au chômage, ne vous attendez pas à ce que le téléphone se mette à sonner ou qu'une lettre miraculeuse soit déposée dans votre boîte aux lettres, vous proposant un emploi. Ne vous attendez pas à ce que le gouvernement vous appelle pour vous offrir une situation, ni votre syndicat, ni votre compagnie.

Si cela se présente, tant mieux. Mais se tourner les pouces en attendant pourrait bien être la pire des solutions. Et de nombreux problèmes ont le don de s'aggraver avec le temps. Si vous attendez tranquillement que Dieu fasse quelque chose ou que quelqu'un vienne à votre rescousse, vous donnez à votre problème le temps de développer ses retombées négatives.

À l'époque du président Lyndon Johnson, le gouvernement avait acheté plusieurs pâtés de maisons à New York, dans le South Bronx. Le président avait déclaré que les nombreux immeubles de ce quartier défavorisé seraient démolis et que, avec l'aide financière du gouvernement, une ville modèle serait construite à la place.

Plusieurs années plus tard, j'ai visité le quartier. J'ai vu les immeubles vides, leurs carreaux brisés, un voisinage à l'abandon. La situation n'avait pas changé. Le South Bronx était toujours en souffrance!

Attendre, c'est perdre son temps, gâcher ses chances; c'est abandonner l'initiative à des forces qui ne se matérialiseront peut-être jamais.

Si vous voulez résoudre votre problème, n'attendez pas qu'on vienne à votre aide. Retroussez vos manches. Je vous indiquerai comment au chapitre 7. *Dites-vous bien que, à la minute même, vous êtes, vous seul, personnellement responsable de la maîtrise de votre problème. Ne vous attendez pas à ce que quelqu'un le fasse pour vous.*

Tournez-vous vers Dieu et vos propres ressources. Si vous attendez l'aide d'autrui, vous serez déçu. Pire encore, il se pourrait aussi que vous deveniez cynique et amer.

4. N'envenimez pas vos problèmes

Nous avons le pouvoir d'alléger ou d'aggraver tout problème. C'est selon, suivant que votre réaction est positive ou négative. La réaction normale consiste à se sentir menacé par le problème. Les gens menacés se laissent gagner par la colère; les gens qui ont peur, par la haine. La haine et la colère ne font qu'envenimer le problème. Ce ne sont pas des réactions positives. Elle ne peuvent pas vous aider à trouver une solution à votre problème.

Vous souffrez d'obésité? N'en venez pas à vous haïr parce que vous mangez trop. Cela ne servira strictement à rien.

Vous êtes au chômage? Ne détestez pas votre compagnie pour vous avoir mis à pied. De même, ne détestez pas votre pays qui ne vous offre pas d'emploi, ni votre municipalité qui néglige ses chômeurs.

John Wooden, alors qu'il était l'entraîneur de l'équipe de basket-ball de la célèbre Université de la Californie, à Los Angeles, l'avait menée à une brillante série de victoires. Je l'ai entendu dire une fois : « Personne n'est jamais vraiment battu, tant qu'il ne se met pas à blâmer les autres. »

Mon conseil est le suivant : Ne vous attelez pas au blâme, attelez-vous au problème. Se mettre à contrôler ses émotions négatives, c'est déjà commencer à régler le problème.

L'un des premiers conseils que j'ai donnés à ma fille, lorsque je suis arrivé à son chevet, a été : « Carol, tu n'as à te méfier que d'une chose, c'est de te prendre en pitié. Ta vie deviendrait un enfer. »

« Ne t'en fais pas, papa, m'a-t-elle vivement répondu, j'ai bien assez de problèmes sans celui-là. »

Si vous avez un problème, ne l'envenimez pas, n'y ajoutez pas en vous apitoyant sur votre sort, en vous montrant jaloux, cynique, en vous laissant aller à la colère et à la haine, en manquant d'une foi positive dans l'avenir.

5. Faites la lumière en vous

Illuminez votre esprit. Montrez-vous intelligent, de plus en plus. Posez-vous quelques questions :

« Quelqu'un a-t-il déjà connu et dépassé ce problème ? »

« Quel est-il vraiment, mon problème ? »

« Mon problème, c'est le chômage ou bien la retraite anticipée? »

« C'est le manque d'argent ou bien l'ennui? »

« Ne pourrais-je pas régler mon problème en m'engageant comme bénévole auprès de ma paroisse ou de ma municipalité? » Mon père a aimé ses années de retraite parce qu'il s'occupait toujours à faire gracieusement des réparations chez les gens du voisinage.

Si vous croyez que votre problème, c'est l'argent, réfléchissez bien. Est-ce vraiment l'argent ou la gestion de votre budget? Il vous faut probablement réduire des dépenses que vous teniez pour acquises. Notez-le bien: Personne n'a de problèmes d'argent; c'est toujours un problème de perception.

Ma fille cadette, Gretchen, suit des cours de conduite. Elle aura bientôt seize ans et va obtenir son permis de conduire. Son instructeur lui dit qu'elle doit apprendre par la méthode IPDE: Identifier, Prévoir, Décider, Exécuter. Il lui a dit: « Sur la route, *identifiez* les autres véhicules. *Prévoyez* ce qu'ils vont faire et quand. *Décidez* alors de votre réaction. *Exécutez*-la, enfin, sans hésiter.

Cette méthode peut vous aider à traiter nombre de problèmes. *Identifiez* le problème. *Prévoyez* comment il vous affectera si vous ne prenez pas d'initiatives. *Décidez* ce que sera votre réaction à toutes les options possibles. Passez enfin à l'exécution, en adoptant l'option la plus positive que vous puissiez imaginer.

6. Motivez-vous

Lorsque vous aurez considéré toutes les réactions positives possibles, vous vous serez motivé à agir positivement. «Ça prend du courage pour sortir du trou», ai-je dit un jour à quelqu'un dont la seule solution à son problème était de modifier du tout au tout son style de vie. Son problème de boisson était étroitement lié à un groupe d'amis qu'il fréquentait depuis des années. «Vous devez prendre vos distances», ai-je alors ajouté. Il a suivi mon avis. Son problème est réglé.

Mon avis à une autre personne à été: «Vous n'avez pas un problème à régler, juste une décision à prendre.» Il s'était empêtré dans l'idée qu'il avait un problème, alors que, en fait, il lui manquait simplement le courage de prendre la juste décision. Quand il a entendu mon conseil, il a pris le taureau par les cornes. Certains employés adorables qui travaillaient dans sa compagnie ne contribuaient en rien à ses profits. Ils représentaient une charge superflue. Une décision difficile, douloureuse à prendre. Mais quand ce patron a compris qu'il n'avait pas un problème à régler, mais une décision à prendre, il s'est engagé dans le droit chemin d'un traitement original du problème.

«Tout obstacle est une occasion», ai-je encore dit à une autre personne qui avait perdu son emploi. «Pensez-y bien et revenez me voir dans une semaine avec une liste de toutes les nouvelles occasions qui s'offrent à vous et qui ne se seraient pas présentées si vous aviez encore votre emploi.» Il est revenu une semaine plus tard avec cette liste de possibilités intéressantes: 1) c'est l'occasion de me mettre en affaires; 2) de voyager; 3) de retourner aux études; 4) de donner davantage de mon temps à ma paroisse, à mes enfants et à mes petits-enfants.

La liste était assez longue pour faire passer mon ami de la dépression à un enthousiasme réel. Il n'est pas étonnant que de cette liste ait émergé, depuis, une idée qui a débouché sur un emploi intéressant.

7. Amorcez

«Comment trouver un emploi, maintenant que je suis chômeur», m'a demandé quelqu'un.

J'ai répondu par une question: «Comment est-ce qu'on attrape un orignal?»

«Qu'est-ce que vous voulez dire par cela?» m'a-t-il retorqué avec un brin d'irritation.

Je lui ai alors raconté cette histoire: «Votre problème d'emploi n'est pas bien différent du problème que j'avais, il y a quelques années, quand je devais trouver dix millions de dollars pour bâtir un nouveau temple, la cathédrale de cristal. À cette époque, j'avais entendu parler d'un ami, le docteur Milton Englebretson, qui avait réussi à obtenir d'un seul donateur un million de dollars. Je suis allé le voir et lui ai demandé: *Comment as-tu réussi à obtenir un million de dollars d'une seule personne?* Il m'a lancé la même question que je vous ai posée.

«*Comment attrape-t-on un orignal?* Il souriait. Il m'a regardé, de ses yeux calmes où pétillait une lueur de malice.

«Qu'est-ce que ça veut dire, lui ai-je demandé.

«*Tu n'es pas bête*, a-t-il répondu. En s'éloignant, il a ajouté: *Penses-y bien, je n'ai pas d'autre conseil à te donner.*

« Je n'ai pas réussi à sortir cette phrase de ma tête. Je ne voulais pas donner ma langue au chat. Je me suis dit : *Bon, si je voulais attraper un orignal, j'irais au Canada. Je n'en attraperais jamais un en Californie. Puis, il me faudrait apprendre par où ils passent, où ils vont boire. Il faudrait que j'apporte le type de nourriture qu'ils aiment. Il faudrait que je puisse m'en approcher.*

« J'ai alors dressé une liste des gens qui avaient les moyens de donner un million de dollars avec pour résultat que nous avons réussi à obtenir plusieurs dons d'un million de dollars.

« Maintenant, quand on me demande : *Monsieur Schuller, comment obtient-on un don d'un million ?*, ma réponse est : *Comment attrape-t-on un makaire ?* »

J'ai grandi en Iowa, où le plus gros poisson que j'aie jamais pris fut un brochet de 12 kilos. Quand je suis arrivé en Californie, j'ai appris que les pêcheurs de l'endroit attrapaient de magnifiques makaires de plus de 135 kilos !

J'ai décidé que je voulais attraper un makaire une fois dans ma vie. Ce que j'ai fait ! Primo, il ne faut pas rester en Iowa ; il faut aller où vivent les makaires, dans les eaux de l'île Catalina, sur la Kona Coast de l'archipel d'Hawaï ou encore au Mexique, au cap San Lucas, en Basse-Californie. Vous prenez ensuite un bateau. Vous ne pêcherez jamais un makaire du rivage ou d'une jetée. Il faut se rendre au large et poser ses lignes.

Vous voulez un emploi ? Cherchez-le là où il se trouve. Ensuite, amorcez. Envoyez vos demandes. Placez des annonces. Faites savoir que vous êtes libre.

8. Prenez des rendez-vous

Si vous n'avez pas d'emploi, trouvez-vous-en un comme on se trouve une femme ou un mari. Renseignez-vous sur les divers types d'emplois disponibles. Étudiez-les. Cherchez. Que votre âge ne vous retienne pas ; à quarante ans, un changement est peut-être juste ce qu'il vous faut. Ne vous dites pas : « Les emplois sont rares. Ils vont êtes enlevés par les chômeurs. Je n'ai pas la moindre chance. »

Ne vous laissez pas décourager. Vous avez votre chance. Vous pouvez trouver l'emploi qui vous convient. Même si vous avez appelé la semaine dernière, rappelez. Il ne se passe pas de jour que quelqu'un prenne sa retraite ou donne sa démission parce qu'il en a assez de son emploi. Pas de semaine que des gens ne décident de faire leurs valises et d'aller s'installer en Floride, à Hawaï ou en Californie, libérant ainsi un emploi. De mois sans que quelqu'un ne s'use. Jour, semaine, mois, il y a donc des postes qui s'ouvrent là où il n'y en avait pas. La personne qui frappe aux portes, téléphone, prend des rendez-vous, se lance enfin, est celle qui décroche l'emploi.

Prendre des rendez-vous est un principe de traitement des problèmes qui s'applique à bien d'autres domaines que celui de l'emploi. À celui de la solitude, à celui de trouver les gens qu'il vous faut pour faire prospérer votre entreprise.

9. Sublimez

Tout problème, donc le vôtre, est riche de possibilités. Vous pouvez faire d'une montagne une mine d'or. Essayez la technique du « possibilisme ». Soyez certain que pour toute porte qui se ferme, une autre s'ouvre. Sublimez votre problème. En d'autres termes, croyez que tout revers porte en lui le germe d'un possible inexploité.

Une jeune femme avait connu une peine profonde. Son ami l'avait traitée honteusement et l'avait laissée tomber. «Dieu transforme les peines de l'existence, si nous les Lui confions», lui ai-je affirmé. Une personne blessée par la vie peut s'endurcir, devenir amère; une autre, au contraire, réagira positivement, priera, deviendra tendre, sensible, éprouvera une compassion profonde pour la douleur des autres que la vie a blessés. *Dieu transforme les peines de l'existence!* Lorsque vous ne pouvez pas éliminer un problème, sublimez-le. Transformez les pierres d'achoppement en tremplins.

10. Concentrez-vous

La plupart échouent non parce que l'intelligence, l'occasion, la capacité ou le talent leur font défaut, mais parce qu'ils ne se sont pas vraiment et totalement consacrés à la solution de leur problème.

Toute personne peut réussir si elle mobilise son enthousiasme pour l'existence, lorsque la vie semble vide. Les portes s'ouvrent en premier lieu devant les personnes enthousiastes!

Me trouvant dans un hôtel de Los Angeles, j'ai demandé qu'on me serve dans ma chambre. Le garçon de service, mexicain, bredouillait l'anglais: «Bonjour! Bonjour! Bonjour!» Curieusement, cela ne paraissait pas, répété trois fois, artificiel, mais sincère.

«Vous êtes enthousiaste, on dirait.»

« Oh oui, a-t-il dit, souriant de toutes ses dents. J'ai un bon emploi. Et je suis en Amérique. Je peux vous servir votre café ? »

« Oui, bien sûr. »

« Il va faire très beau, aujourd'hui », a-t-il continué.

« J'ai entendu qu'il allait pleuvoir aux informations. »

« Oui, mais ça fera du bien. C'est bon pour les pelouses. Il en faut pour les fleurs et les arbres, non ? »

Il avait produit sur moi une forte impression. *Je sais pourquoi il a un emploi*, me suis-je dit.

Les gens les plus vifs et enthousiastes obtiendront les emplois qui s'ouvriront dans le mois à venir. Soyez enthousiaste. Concentrez-vous sur une vie enthousiaste et vous verrez comme on fera appel à vous.

Je n'ai pas dit que c'était facile. Ça n'a pas toujours été facile pour moi de passer à la télévision et de sourire avec enthousiasme. Je me suis solennellement promis de m'appliquer à toujours être positif, surtout lorsque je ne me sentais pas dans l'humeur. J'ai tenu ma promesse. Cette optique positive m'a toujours attiré l'appui des autres, de vieux amis comme d'inconnus.

Votre problème n'est pas le chômage ? Retenez bien ceci : des appuis imprévus se manifestent de sources imprévisibles à la personne qui demeure positive, chaleureuse et enthousiaste ! Je vous le garantis.

11. Communiquez

Traitez votre problème en gardant en tête que la solution peut souvent venir d'une autre source. Avez-vous besoin d'aide? Demandez-en donc. Que votre fierté ne vous retienne pas de faire appel aux autres.

Notre émission télévisée connaît le plus grand succès aujourd'hui en Amérique. Mais il fut un temps où nous avons failli renoncer, faute d'appui financier. Mes conseillers m'ont dit: « Monsieur Schuller, vous devez passer sur le réseau national pour dire aux gens la vérité. Ditez-leur que vous avez besoin d'argent. Il faut leur dire que, faute de ça, vous serez obligé d'arrêter l'émission. »

Pour être sincère, ma fierté résistait. Je devais prendre une décision. Voulais-je réussir? Préférais-je ma fierté? J'ai choisi de réussir. Je me suis humilié en avouant honnêtement au public: « J'ai besoin d'aide. » Et le public a répondu.

Tout alcoolique conviendra que les trois mots les plus difficiles à prononcer sont: « J'ai besoin d'aide! » Plus d'un mariage « impossible » est sorti de l'impasse pour trouver une solution originale, lorsque le mari ou la femme a dit: « Chéri, il faut que tu m'aides à surmonter les sentiments négatifs que m'inspire notre situation. Je ne devrais pas ressentir ces sentiments négatifs. Ils sont sans fondement, je le sais bien, mais c'est comme ça. Je n'en veux pas; ils me font souffrir; ils nous mènent au désastre. Aide-moi, je t'en prie. »

Avez-vous besoin d'aide? Avez-vous besoin d'espoir? Êtes-vous découragé? Déprimé? Vidé d'enthousiasme? Voulez-vous jeter l'éponge, fuir, dire non à la vie? Appelez donc au secours. Cherchez. L'espoir est au tournant qui vous attend. Surtout, *communiquez*. Ne vous coupez pas du secours qui est là.

Les gens fiers sont portés à se replier sur eux-mêmes. Ne négligez pas, ne rejetez pas le libre espoir, le secours qui attend. Mettez-vous à l'écoute des messages mentaux positifs. Appliquez-vous à prier. Posez des questions à Dieu. Ecoutez ses réponses. Soyez absolument sans détour lorsque vous Lui demandez conseil.

Vous faut-il la sagesse? Des conseils? Une direction spirituelle? *Demandez!* Vous isoler de toute source d'aide serait destructif au bout du compte.

Pensez relations. Allez au temple. Adhérez à un club, à une association locale. Et n'oubliez pas de vous appliquer à partager vos rêves, vos espoirs, vos besoins avec les autres. Vous serez surpris de voir comme les secours s'offriront et comme vous arriverez à maîtriser votre problème.

12. Isolez-vous

Ne vous isolez pas face aux secours, mais isolez-vous face aux forces et aux personnalités négatives.

Il devient presque impossible de maintenir une disposition d'esprit positive si nous nous laissons bombarder par les pensées négatives qui ne cessent de nous entourer.

Notez si la dominante de vos conversations est positive ou négative, de même que la nature des conseils que vous donnent les autres. Soyez attentif à ces opinions toutes faites, qui courent partout et sont négatives, rabâchées quotidiennement avec les meilleures intentions du monde par vos amis:

1. «*Fais attention.*» Dans le chapitre qui suit, nous disons: «Les personnes qui font attention n'arrivent

nulle part. » La maîtrise des problèmes suppose que nous en prenions le contrôle.

2. « *Vas-y doucement.* » Bien sûr, il faut rester calme, maître de soi, plutôt que de céder à l'hystérie et à la panique. Je m'élève en fait contre les conseils qui voudraient que nous nous croisions les bras. Je répète ceci : N'attendez pas que quelqu'un vous présente la solution sur un plateau d'argent. Vos ressources, vos initiatives originales pourraient être paralysées par ce conseil de prudence.

3. « *Dieu merci, c'est vendredi.* » Il est impossible de déterminer la mesure exacte dans laquelle la productivité a décliné en Amérique du fait de cette attitude de plus de cent millions de travailleurs. Tant de gens ont nourri cette pensée, répété ces mots que cela a contribué à une baisse de l'enthousiasme général. L'enthousiasme est une énergie. Si vous réduisez le niveau collectif d'enthousiasme, vous réduisez l'énergie. Le rythme du travail ralentit, la production horaire en souffre.

4. « *Il faudrait que je voie ça pour le croire.* » L'ennui avec cette affirmation négative, c'est qu'elle est archifausse. La vérité, c'est : « Tu dois croire ça avant même de l'avoir vu ! »

5. « *Pas question.* » Combien de fois une idée positive n'a-t-elle pas été massacrée, torpillée, coulée par ces deux mots. Ne les répétez jamais. Ne permettez à personne de les employer en votre présence. Il y a toujours un moyen si on en paie le prix en temps, en efforts, en énergie !

6. « *Pas trop mal.* » Combien de fois vous a-t-on répondu : « Pas trop mal » ? C'est vraiment négatif. Ça

peut sembler innocent, inoffensif, mais cela pousse à la médiocrité émotionnelle, au manque d'enthousiasme.

Nous devons nous protéger contre ces mots, ce climat négatif, pour maintenir notre enthousiasme à son maximum.

Nous ne pouvons pas vivre dans une bulle de savon. Trop, trop de gens que vous rencontrez jour après jour menaceront de crever votre bulle, de tuer votre enthousiasme avec leurs comme ci, comme ça, pas trop mal, ça peut aller. J'ai, moi aussi, affaire à eux. Mais je me protège en partageant avec eux «l'échelle mentale de Schuller».

Quand je demande à quelqu'un : «Comment ça va, aujourd'hui?», sa réponse peut aller de un à dix :

1. Silence, yeux larmoyants, lèvres tremblantes.

2. Fureur ; un torrent de jurons.

3. «Très mal ; ça serait vrai pour vous si vous aviez mon problème. »

4. «Pas trop mal. » (Un peu mieux.)

5. «Assez bien. » (Encore un peu mieux.)

6. «Bien. »

7. «Très bien. »

8. «Très, très bien. »

9. «Vraiment très, très bien. »

10. «Super ! »

Vous pouvez contrôler votre humeur, notez-le bien. Dites-vous que vous êtes *vraiment* en grande forme. Rien de grand ne se produit autrement.

Les délais de Dieu ne sont
pas des refus.

7. « *J'ai déjà entendu ça.* » Voilà une autre remarque négative et cynique. Évitez comme la peste les gens cyniques.

8. « *Jamais.* » « *Impossible.* » « *Rien.* » Toute négation absolue est destructrice. Protégez-vous contre elles.

9. « *L'affaire est close.* » Et alors ? Elle peut, peut-être, être réouverte. On peut faire appel. Ce n'est pas une raison pour accepter la défaite.

10. « *C'est définitif.* » Rien n'est définitif. Tout est transitoire. Tout aboutissement est un nouveau commencement. Ne vous laissez pas arrêter. Une phase est un passage. Un passage n'est jamais une impasse. Le bout de la route n'est pas sa fin, c'est un virage.

Sortez votre antenne positive pour percevoir la différence entre les déclarations négatives et positives. Isolez votre esprit des négatives, car les solutions se trouvent toujours dans les positives.

Lisez cet article de Barry Siegel. Il vous montre sur un ton plaisant combien il est ridicule de se laisser influencer par le négativisme.

(Palo Alto, Californie.) Les alarmistes, inquiets de sujets comme un holocauste nucléaire et les insecticides polluants, pourraient bien ignorer des sujets d'inquiétudes beaucoup plus urgents. Considérez seulement les prédictions de certains savants : Si les gens continuent à empiler dans leurs garages et leurs greniers leurs collections de *National Geographic* au lieu de s'en débarrasser, leurs poids conjugués entraînera un affaissement, estimé à

30 mètres, du continent, et nous serons submergés par les océans.

Si le nombre de plaquettes de microscope adressées pour examen au laboratoire du Saint Louis Hospital continue d'augmenter à son présent rythme, cette métropole sera recouverte d'une épaisseur d'un mètre de verre d'ici à l'an 2024. Si les amateurs de bains de mer continuent de rentrer chez eux couverts d'autant de sable que présentement, les quatre cinquièmes de nos régions côtières auront disparu d'ici dix ans. Incroyable, n'est-ce pas? Pourtant, nos savants, statistiques et formules à l'appui, peuvent prouver tout cela. Leurs conclusions ont même été publiées, et cela, grâce au *Journal of Irreproducible Results*, publication officielle de la Society for Basic Irreproducible Results. Cette revue, inconnue peut-être du grand public, est familière à de nombreux savants. Vieille de 26 ans, écrite et dirigée par des hommes de science, elle regroupe 40 000 abonnés répartis dans 52 pays. Ce journal, par ses satires, parodies et canulars, tourne en ridicule ce que son rédacteur en chef appelle « le verbiage, la prétentieuse ignorance, l'insondable bêtise illustrés par tant de publications et études scientifiques ». Certains articles sont textuellement reproduits en guise d'illustration. Mais la plupart sont des parodies écrites en jargon scientifique, agrémentées de tout l'appareil des diagrammes, tables, formules, calculs mathématiques rituels et aboutissant à des conclusions absurdes. L'un des exercices favoris de la revue consiste à tirer de grandioses conclusions de données limitées. Certains de ces articles sont devenus des classiques du genre.

Dans l'article intitulé « Cornichons et fumisterie », la revue faisait état d'une découverte stupéfiante : les cornichons causent le cancer, le communisme, les tragédies de l'air et de la route, et sont à l'origine de la vague de criminalité. La revue soulignait que 99,9% des victimes du cancer ont consommé, à un moment ou à un autre de leur vie, des cornichons, de même que 100 % des militaires, 96,8 % des sympathisants du communisme et 99,7 % des victimes d'accidents automobiles et aériens. Bien plus, les consommateurs de cornichons nés en 1839 ont connu un taux de mortalité de 100 % et des rats gavés, sur une période d'un mois, d'une ration quotidienne de neuf kilos de cornichons, ont manifesté une perte d'appétit et une certaine obésité.

Mais l'article de loin le plus fameux qu'ait publié la revue s'intitule : « *National Geographic*, une machine de mort ». Écrit par un certain George H. Kaub, il révèle que sont envoyés chaque mois plus de 6,8 millions d'exemplaires de *National Geographic* pesant chacun un kilo et que pas un seul de ceux-ci n'a été jeté depuis la création de la revue il y a 141 ans. Ils s'accumulent inexorablement dans les caves, greniers, institutions savantes publiques et privées, le Smithsonian Institute, Goodwill, l'Armée du Salut... Kaub prédit que l'infrastructure tellurique du pays ne pourra pas supporter cette masse encore longtemps. Un affaissement ne va pas manquer de se produire. Les roches vont se comprimer, se plastifier et, enfin, se liquéfier. De larges failles vont s'ouvrir. La table continentale va lâcher et les mers vont l'envahir. De fait, soulignait l'article, l'accentuation de l'activité sismique le long de la faille de San Andreas, en Californie, récemment constatée, est due à l'accroissement démographique dans cet État et, par voie de conséquence, du nombre des abonnements à *National Geographic*. Kaub termine par un appel à rien de moins qu'un arrêt immédiat de la publication de cette revue par vote du Congrès ou décret présidentiel si nécessaire.[1]

Bon, qu'est-ce que tout cela veut dire? Eh bien, que le négativisme peut facilement déboucher sur des conclusions outrées et inconséquentes.

Montrez-vous positif. Vous êtes capable de résoudre vos problèmes. Lorsqu'un problème semble défier toute solution, vous pouvez le maîtriser. Vous le maîtriserez lorsque vous appliquerez ces douze principes que je viens de vous confier. Mais vous n'aboutirez à rien si vous ne prenez pas, positivement, le contrôle de vos pensées et de votre existence. Voyons maintenant comment vous y prendre.

---

1. «World May End With a Splash», *Los Angeles Times*, 9 octobre 1982.

5

Prenez vos affaires en main

Une expression apparemment inoffensive s'est répandue dans tout le pays. Les gens ne disent plus simplement « au revoir », ils ajoutent : « Fais attention. »

J'affirme, quant à moi, qu'il est mauvais de dire : « Fais attention. » Dites plutôt : « Cours ta chance ; prends tes affaires en charge, en main ; prends le contrôle ! » Pourquoi ? Parce que les gens qui font attention n'arrivent jamais nulle part ! Si vous voulez gérer votre problème avec succès, il faut que vous courriez votre chance, que vous preniez le contrôle de vos affaires. Courir sa chance est en soi risqué. Mais si vous vous prenez en charge, vous maîtrisez ce risque. Et quand vous prenez le contrôle, vous maîtrisez vos problèmes.

Prenez-vous en charge, prenez vos affaires en main et n'abandonnez jamais l'initiative, le leadership. Qu'est-ce que j'entends par leadership ? Une seule phrase suffit : le leadership est la force qui choisit vos rêves et définit vos objectifs. C'est la force qui assure le succès de vos entreprises.

Abraham Lincoln a raconté la merveilleuse histoire d'un forgeron qui avait placé une longue barre de fer dans les charbons ardents. Puis il l'avait posée sur son enclume où il l'avait aplatie à coups de marteau pour en faire une épée. Mais il n'avait pas été satisfait du résultat final. Il l'avait donc replacée dans les charbons et avait décidé de l'aplatir davantage pour en faire un outil de jardinage. Mais le résultat ne l'avait pas davantage satisfait. Il avait recommencé l'opération en lui donnant la forme d'un fer à cheval. Échec complet. Il avait décidé de faire une dernière tentative, l'avait replacé dans le feu, puis, l'en ayant retiré, s'était interrogé sur ce qu'il allait en faire. Décidant qu'il n'y avait rien à faire, il a décidé de la plonger dans un seau d'eau. En entendant le siflement de la vapeur, il a dit : « Eh bien, au moins j'aurai fait des bulles ! »

Vos rêves n'ont pas à se transformer en vapeur. Votre vie peut pétiller, vos problèmes être surmontés si vous prenez le contrôle de votre barque en apprenant et en suivant les principes d'un leadership dynamique exposés ici.

Vous seriez étonné d'apprendre combien de « leaders » ignorent ces principes. Avant même de pouvoir dire ouf, ils perdent le contrôle, se font vaincre par des problèmes qu'ils auraient dû maîtriser.

1. N'abandonnez pas votre leadership aux forces étrangères

Dans les entreprises, le leadership n'est pas toujours entre les mains du directeur général ou du président du conseil d'administration. Trop souvent, la haute administration abandonne son pouvoir à des forces étrangères.

Cela est vrai, je le sais. Il y a quelques années, mes fidèles se réunissaient dans un temple plus petit. Comme tant de sociétés religieuses et d'entreprises, nous abandonnions le leadership à nos biens immobiliers, terrains et bâtisses. Le conseil n'avait pas le contrôle. Le pasteur non plus. Les gens disaient : « Nous ne pouvons pas faire ça. Le stationnement est trop petit, l'auditorium n'est pas assez grand... »

Je me suis dit alors : « Le soulier ne commande pas au pied. Le corps n'abandonne pas son leadership aux vêtements. »

N'abandonnez pas votre leadership à vos biens immobiliers, à leur site. S'il vous faut construire ou déménager, prenez vos affaires en main.

N'abandonnez jamais le leadership à des forces telles que la pauvreté. Ne permettez pas au manque d'argent de décider de vos rêves, de vos objectifs. Il existe toujours un moyen de trouver le capital dont vous avez besoin. Vous aurez peut-être à compter vos sous, à épargner, mais, d'une façon ou d'une autre, l'argent viendra. Il existe un principe universel : L'argent va aux bonnes idées ; les bonnes idées donnent naissance à d'autres bonnes idées ; nos rêves nous rendent créatifs en matière d'argent.

Il existe bien des choses sur lesquelles nous n'avons pas de prise. Nous n'avons pas de prise sur l'inflation, pas de prise sur la récession. Mais nous pouvons exercer notre contrôle sur nos idées et l'usage que nous en faisons.

Les décisions d'aujourd'hui
sont les réalités de demain.

J'ai un bon ami qui, comme tant d'autres, a connu la dépression des années trente. Sans un sou, ruiné, il ne pouvait rien contre sa pauvreté, mais il n'a pas abandonné son leadership aux forces de la dépression.

C'était un vendeur qui ne réussissait pas trop bien. Un soir, l'un de ses collègues lui a dit : « Dis, est-ce que tu as entendu parler du type qui s'est fait une pile d'argent chez Coca Cola ? Tu sais, à l'époque, la seule façon qu'on avait d'avoir un verre de soda, c'était au comptoir. Mais ce gars a trouvé le moyen d'embouteiller le soda. Il a dit aux gens de chez Coca Cola qu'il leur donnait son idée contre une fraction de 1 % des ventes qu'ils feraient en sus. Ce minuscule pourcentage l'a rendu millionnaire. »

Ce jour-là, mon ami s'était rendu dans une station-service parce qu'il avait besoin d'huile. À l'époque, la seule façon, c'était d'aller à une station d'essence où ils la versaient d'un énorme bidon. Cette nuit-là, il s'est dit : « Je me demande si on ne pourrait pas la mettre dans des bouteilles ? » Il a réfléchi un peu et puis : « Non, et si la bouteille se cassait ? Mais les canettes de métal, voilà la solution ! »

Il est alors allé dans une fabrique de canettes : « Pouvez-vous me vendres des canettes ? » leur a-t-il demandé. Il est allé ensuite voir un ami qui était propriétaire d'un puits en Pennsylvanie qui produisait plus d'huile qu'il ne pouvait en vendre.

Il s'est ensuite adressé à une chaîne de magasins et leur a dit : « J'ai une idée qui peut augmenter nettement vos ventes. Je vous dirai comment faire si vous me donnez 75 $ par wagon d'huile que vous vendrez. »

Ils ont répondu : « D'accord. Quelle est votre idée ? »

« Vendre de l'huile pour autos en canettes. Je vous les fournis. »

« De l'huile en petits bidons? »

« C'est ça. »

À 75 $ le wagon, il est devenu millionnaire, multimillionnaire pendant la grande dépression. Ce fut le point de départ d'un énorme empire financier.

2. N'abandonnez pas votre leadership à l'attitude des gens.

Des tas de gens font ça. Je l'ai constaté. Ça m'est arrivé. Vous êtes devant un auditoire. Vous voyez quelqu'un lever un sourcil, vous entendez quelqu'un qui s'éclaircit la gorge. Quelqu'un vous laisse entendre par le langage du corps qu'il n'est peut-être pas en accord avec vous. Vous lisez sur son visage qu'il va vous critiquer. Il ne va pas vous appuyer. Il est contre vous. En un clin d'oeil, vous voilà intimidé, réduit au silence, à la retraite par le langage du corps. À ce point, un visage vous a fait renoncer à votre leadership.

3. N'abandonnez pas votre leadership à de grotesques plaisanteries

Les plaisanteries grotesques sont des mensonges, des masques. On a souvent inculqué à des gens de la minorité hispanique ou d'origine asiatique ou africaine qu'ils étaient génétiquement et intellectuellement inférieurs. Voilà bien une sinistre plaisanterie, un mensonge, un masque! Si on vous dit qu'une race est inférieure ou supérieure, ne le croyez pas, surtout pas!

Un de mes bons amis, un Noir du nom de George Johnson, a vécu l'expérience du racisme. Il a grandi à Chicago, cireur de souliers chez un coiffeur. George était habitué à entendre ses camarades noirs dire: «Je voudrais tellement que mes cheveux ne soient pas crépus.»

Un jour que George cirait les souliers, il a demandé au client: «Qu'est-ce que vous faites dans la vie?»

«Je suis chimiste.»

«Qu'est-ce que ça fait, un chimiste?»

«Ça fait des mélanges», lui a-t-il répondu.

«Est-ce que vous pensez que vous pourriez mélanger quelque chose qui me décrêpe les cheveux?»

«Peut-être bien que oui...», a répondu le chimiste.

Ce qu'il a fait. George a essayé le produit et cela a marché. Il a mis le produit dans des bouteilles et l'a vendu à des amis et à quelques commerces. Il a bientôt monté toute une équipe de vente pour vendre Ultra-Sheen.

Aujourd'hui, la fortune personnelle de George Johnson s'élève à plusieurs millions de dollars.

4. N'abandonnez pas votre leadership aux limitations

Les limites sont des idées-obstacles que vous autorisez à influencer vos objectifs et vos rêves. Sous l'effet de ces limites, nous renonçons à des idées et à des rêves que nous croyons ne jamais pouvoir réaliser. Elles nous poussent aussi à diminuer nos objectifs avec comme résultat que nos réalisations sont inférieures à nos possibilités.

Ces obstacles sont des perceptions négatives que nous avons de nous-mêmes:

« Je ne suis pas instruit. »

« Je n'ai pas les relations qu'il faudrait. »

« Je n'ai pas assez d'argent. »

« Je n'appartiens pas à la bonne organisation. »

N'abandonnez pas votre leadership à ces limitations, à ces perceptions bloquées. Ça équivaut à dire : « Ça n'a jamais réussi avant. Pourquoi en serait-il autrement aujourd'hui ? »

Ou encore : « On n'a jamais fait autrement, ça doit donc être la meilleure méthode. » Les personnes les plus atteintes par ces perceptions bloquées sont les membres instruits et exercés des professions. Leur formation a été si complète, si rigoureuse que, dans le même mouvement, leurs perceptions se sont fermées.

La capacité de l'ascenseur de l'hôtel El Cortez de San Diego était insuffisante. On appela des experts, ingénieurs et architectes. Ils conclurent qu'ils pouvaient installer un nouvel ascenseur en perçant les étages et en installant un moteur au sous-sol. On fit des plans. Tout était en ordre. L'architecte et l'ingénieur entrèrent dans le grand hall d'entrée tout en discutant le problème. Le concierge qui était en train de laver le carrelage entendit qu'ils allaient percer des trous entre les étages.

Il leur dit : « Ça va mettre le désordre. »

L'ingénieur répondit : « Oui, évidemment, mais nous allons vous aider, ne vous en faites pas. »

Le concierge répondit : « Vous allez devoir fermer l'hôtel. »

« Oui, si c'est nécessaire, alors nous le ferons. Ça ne peut plus durer sans un nouvel ascenseur. »

Le concierge, sa serpillière à la main, continua : « Savez-vous ce que je ferais si j'étais à votre place ? »

L'architecte demanda avec arrogance : « Quoi ? »

« Je construirais un ascenseur extérieur. »

L'architecte et l'ingénieur se sont alors regardés.

Ils ont construit un ascenseur extérieur… pour la première fois dans l'histoire de l'architecture.

5. N'abandonnez pas votre leadership aux frustrations

Il existe des gens qui atteignent un point où ils ne peuvent tout simplement plus supporter les autres. Plus supporter les règlements de l'administration. Plus supporter les problèmes de trésorerie. Toute personne qui a des rêves et des objectifs connaît aussi des frustrations : le manque de temps et d'argent, les taux d'intérêt élevés, les déceptions de ne pas être soutenue par ses proches. Si ces frustrations s'accentuent, si vous leur abandonnez votre leadership, vous risquez bientôt de baisser les bras, tirer le rideau, jeter l'éponge, renoncer. Ne cédez pas à ces tentations.

6. N'abandonnez pas votre leadership à vos fantasmes

C'est renversant, Dieu vous donne des idées brillantes et stimulantes, et voilà que bientôt vous cédez devant des fantasmes négatifs : « Si j'essaie, je vais me mettre les gens à dos ; les gens vont rire de moi. »

Cher ami, je vais être franc avec vous. Je ne suis pas, moi non plus, à l'abri de ce type de pensées négatives.

Lorsque nous bercions le rête de la Tour de l'Espoir et de la cathédrale de cristal, deux constructions sur notre campus religieux, je me disais : « Que vont dire les gens ? Et si nous échouions ? Nous allons être la risée du pays. »

Entendez-moi bien, si vos rêves sont vastes, si vos idées sont plus originales, vous serez critiqué. Tourné, sans doute, en ridicule. Mais ne rendez pas la situation plus difficile qu'elle ne l'est. Ne vous laissez pas aller à des fantasmes négatifs qui nuisent à la taille de vos objectifs et étouffent votre créativité.

7. N'abandonnez pas votre leadership à vos craintes

La Bible dit : « Ce n'est pas un esprit de crainte que Dieu nous a donné, mais un esprit de force, d'amour et de maîtrise de soi. » (2 Tm 1 ; 7) Cela signifie que vous devez renoncer à vos craintes, qu'elles ne viennent pas de Dieu. Dieu ne nous donne pas un esprit de crainte. Dieu nous donne un esprit de force, d'amour, un esprit sain.

Si vous avez beaucoup de craintes, tout ce que vous avez à faire, c'est de vous libérer d'une seule crainte, la crainte de l'échec : « Je préfère entreprendre quelque chose de grand et échouer que de ne rien tenter et réussir. »

J'admire les gens qui prennent des résolutions et s'y accrochent. J'admire la personne partie pour les sommets et qui échoue. C'est peut-être quelqu'un qui se porte candidat à un poste officiel guidé par le désir de servir, à son poste, les citoyens. Il peut être certain qu'on le critiquera, le condamnera, qu'on déformera ses propos, les comprendra de travers. Son ego va prendre de rudes coups. Alors, quel avantage y trouve-t-il ? Même s'il doit perdre, il reste gagnant parce qu'il a vaincu la crainte de tenter sa chance. Ce faisant, il a gagné sa bataille la plus difficile. Tout perdant qui a tenté quelque chose de grand est, en fait, un gagnant.

Il n'y a aucune raison de craindre l'échec. Comme je l'ai dit dans *Devenez la personne que vous rêvez d'être**:

L'échec ne signifie pas que vous êtes un raté... ça signifie que vous n'avez pas encore réussi.

L'échec ne signifie pas que vous n'avez rien accompli... ça signifie que vous avez appris quelque chose.

L'échec ne signifie pas que vous avez été idiot... ça signifie que vous avez eu une grande foi.

L'échec ne signifie pas que vous êtes déshonoré... ça signifie que vous avez eu la volonté d'essayer.

L'échec ne signifie pas que vous ne l'avez pas... ça signifie que vous devez le faire de façon différente.

L'échec ne signifie pas que vous êtes inférieur... ça signifie que vous n'êtes pas parfait.

L'échec ne signifie pas que vous avez gâché votre vie... ça signifie que vous avez une raison de recommencer à neuf.

L'échec ne signifie pas que vous devez abandonner... ça signifie que vous devez essayer plus fort.

---

* Publié aux éditions Un monde différent ltée.

L'échec ne signifie pas que vous n'y arriverez jamais... ça signifie que ça prendra un peu plus de temps.

L'échec ne signifie pas que Dieu vous a abandonné... ça signifie que Dieu a une meilleure idée!

8. N'abandonnez pas votre leadership à la lassitude

Il arrive à tout le monde de connaître de temps en temps la lassitude. Vous avez tout intérêt à reconnaître quand la lassitude vous gagne et de faire alors une pause. Si vous ne le faites pas, vous allez prendre de mauvaises décisions.

Je ne suis pas du genre à ralentir ou à renoncer quand je suis fatigué. Mais même Jésus a dû reculer à l'occasion. Ne vous rappelez-vous pas l'occasion où, pressé de toutes parts par les multitudes, Il est monté sur un bateau? Ils L'appelaient, voulaient L'approcher et Il les a abandonnés. Il a tourné le dos, S'est échappé, S'est rendu dans la montagne pour prier.

L'Histoire tentera pendant longtemps de répondre à cette question: «Franklin D. Roosevelt a-t-il sacrifié son leadership à sa fatigue à Yalta?» Il était miné par la maladie. On continue aujourd'hui à débattre de la sagesse de ses décisions qui affectèrent les pays de l'Est.

Il est des occasions où vous ne devriez pas voir de gens, ni prendre de décisions. Quand je suis fatigué, j'évite fréquemment de voir les gens. Je dois beaucoup de reconnaissance à ma chère épouse. Elle me connaît sur le bout des doigts et elle a composé très soigneusement mon emploi du temps. Elles sait à quels moments je suis à plat et elle me réserve du temps pour récupérer. Chaque année, elle prévoit pour moi de courtes vacances immédiatement après les périodes très chargées. De cette façon, je ne suis jamais « brûlé ».

9. N'abandonnez pas votre leadership aux critiques

Bien des gens le font. Quelqu'un arrive avec une bonne idée pour s'entendre dire : « Oh, mais ça va prendre trop de temps, ou ça va coûter trop cher. » Ou bien « quelqu'un d'autre s'en occupe présentement. » Ils trouvent à critiquer une bonne idée et la réduisent en pièces. Ils abandonnent leur leadership aux critiques au lieu de l'appliquer au potentiel de l'idée. Toute idée présente des problèmes. Mais il s'agit de la polir, non de la démolir. Il est étonnant de constater comme les critiques ont prise sur notre vie, lorsque nous nous laissons faire.

Une jeune femme qui avait un problème est venue me voir. Elle m'a dit : « Tout va de travers dans ma vie. Je n'arriverai jamais à rien. La vérité, c'est que c'est de la faute de mes parents. Ils ont rompu. Ma famille s'est brisée. Monsieur Schuller, si vous aviez mes problèmes, vous en seriez exactement où j'en suis, vous aussi. »

J'ai répondu : « Écoutez, je comprends bien que vous ayez eu des problèmes. Mais permettez-moi de vous dire quelque chose. Ne faites jamais d'un problème une excuse. »

Quand vous utilisez vos problèmes comme excuses, vous renoncez à votre leadership. Acceptez les fautes, les insuffisances, les imperfections. Élevez-vous ensuite au-dessus d'elles. C'est possible, si vous adoptez l'attitude correcte. Ce qui me mène au principe suivant.

10. N'abandonnez pas votre leadership aux faits

Les problèmes que nous connaissons sont certes des faits, et non seulement de la théorie. Les statistiques du chômage sont factuelles. Vous avez conscience de cette vérité quand vous recevez votre chèque de chômage. Mais n'y abandonnez pas votre leadership. Les faits, les statistiques, les taux d'intérêt influencent certes votre existence, mais il dépend de vous que leur influence sur elle soit à votre avantage ou à votre détriment.

Le docteur Karl Menninger, psychiatre distingué, a dit l'une des paroles les plus sages que j'aie jamais entendues: «L'attitude est plus importante que les faits.» Votre attitude doit rester positive et maintenir son contrôle sur vous. Ne vous laissez jamais abattre par les faits.

11. N'abandonnez pas votre leadership à l'hystérie

Nombre de gens se tiennent sous contrôle, prennent de bonnes décisions, jusqu'au jour où ils tombent dans une situation dominée par la frénésie, l'hystérie. La semaine dernière, me rendant en avion vers l'est du pays, un monsieur m'a fait signe comme s'il me reconnaissait. Je lui ai demandé: «Est-ce que nous nous connaissons?»

Il m'a répondu: «Vous ne me connaissez pas, mais moi, je vous connais. Je regarde tout le temps *The hour of power.*»

Je me suis assis. Nous avons causé. Il s'appelait Bob McClure, capitaine d'avion. Il m'a confié: «Je pilote le L1011. Ça fait vingt-sept ans que je suis pilote.»

«Si vous êtes pilote depuis vingt-sept ans, vous devez avoir de bonnes histoires à raconter. Quelle est la chose la plus curieuse qui vous soit arrivée?»

Faire attention ?

Les gens qui font attention

n'arrivent jamais à rien.

Courrez votre chance !

Prenez-vous en main !

Prenez le contrôle !

Il m'a répondu: «Au cours de la seconde guerre mondiale, je pilotais en solo un Hellcat F6. C'était ma première mission de bombardement, dans la baie de Tokyo. J'ai décollé du porte-avions. Je devais prendre beaucoup d'altitude, puis faire un piqué vertigineux jusqu'à 92 mètres au-dessus de la baie en faisant feu de toutes mes munitions. »

Quatre-vingt-douze mètres, ce n'est pas bien haut.

Il a continué: « Je descendais à une vitesse astronomique. Comme j'amorçais mon rétablissement, l'aile gauche a été touchée de plein fouet, ce qui a eu pour effet de faire basculer l'avion sens dessus dessous. »

Je lui ai demandé: «Saviez-vous que vous voliez la tête en bas?» (Ayant l'expérience des avions privés, je sais qu'on peut facilement perdre son sens de l'orientation.)

«Oh oui. J'ai vu que je volais à l'envers quand j'ai aperçu la mer au-dessus de ma tête. Vous savez ce qui m'a sauvé? »

«Quoi? »

«On m'a appris que, lorsque quelque chose de terrible arrive, il ne faut rien *faire*. Seulement réfléchir. Donc, a-t-il poursuivi, je n'ai pas touché à un seul bouton. Si on ne m'avait pas appris ça, j'aurais instinctivement quitté la position horizontale où j'étais, j'aurais plongé vers la mer et me serais tué... Oui, je ne l'ai pas oublié, lorsqu'une catastrophe menace, *n'agis pas, réfléchis*.

12. N'abandonnez pas votre leadership à la fatalité

Il existe toutes sortes de fatalités que les structures sociales ou les «astres» pourraient essayer de vous imposer. Quand on me demande sous quel astre je suis né, je réponds que je ne sais pas et que je ne veux pas le savoir. Trop de gens laissent leur avenir être prédéterminé, sans aucune nécessité, par des facteurs imaginaires. L'astrologie est comme la chiromancie, et je n'aime pas les diseurs de bonne aventure. Leurs propos sont trop négatifs.

Je n'oublierai jamais cette pauvre âme tourmentée dont la foi en Dieu n'était pas assez forte pour aller à l'église. Il avait préféré aller chez un cartomancien qui lui a dit : « Je vois que vous connaîtrez la pauvreté, la malchance et l'échec jusqu'à l'âge de quarante ans. »

« Et puis ? » lui a-t-il demandé.

Le cartomancien a levé les yeux sur lui : « Oh, après ça, vous en aurez pris l'habitude. »

Les cartomanciens, les devins, tous ces gens qui introduisent dans le subconscient ou la conscience des prédictions négatives et aussitôt vérifiées sont dangereux. Ne permettez pas à de telles personnes de prendre le contrôle de votre existence.

13. N'abandonnez pas votre leadership aux prédictions

Vous savez bien qu'il existe des gens qui disent et répètent : « Les choses vont mal et vont aller de plus en plus mal. » Il y aura toujours sur terre des gens cyniques, négatifs qui croient que la vie empire à mesure qu'elle passe.

Une de mes histoires préférées est celle que m'a racontée un jour feu Bear Bryant, chef des entraîneurs des équipes de football de l'Université de l'Alabama pendant de nombreuses années. Plusieurs années auparavant, alors qu'il était entraîneur pour la Texas A & M, son équipe devait participer à d'importantes éliminatoires. «Tout ce que les journaux disaient, c'était que notre équipe allait se faire lessiver. Exactement: *lessiver, défoncer, massacrer*. Je n'avais aucun moyen d'empêcher que mes gars lisent ces pronostics négatifs. La veille de la partie, comme j'allais me coucher, les propos de tous les reporters et journalistes sportifs me sont soudain revenus à l'esprit: *Bear Bryant, de la Texas A & M, va se faire battre par trois ou quatre touchés.* D'autres allaient jusqu'à cinq touchés. Tandis que je m'endormais, toutes ces affirmations extrêmement négatives me tournaient dans la tête. Je me suis réveillé de très bonne heure. J'ai regardé ma montre: il était une heure. Et j'étais pétrifié. Nous allions nous faire massacrer. C'étaient les prédictions.

«Je me suis alors rappelé ce verset de la Bible: *Si vous avez de la foi comme un grain de sénevé, vous direz à cette montagne: Déplace-toi d'ici à là, et elle se déplacera, et rien ne vous sera impossible.* (Mt 17; 20) Je me suis levé, j'ai appelé mes entraîneurs et leur ai dit: *Je veux que vous rassembliez tous les joueurs au vestiaire dans trente minutes.* J'ai enfilé mon pantalon, un chandail et me suis chaussé. Je suis monté dans ma voiture, j'ai mis le contact. Les deux phares perçaient la nuit. À une heure et demie du matin, il n'y avait pas un chat sur la route. Je suis entré sur le terrain de stationnement, je me suis rendu dans le vestiaire vide et me suis mis à attendre en faisant les cent pas. D'autres lumières de phares ont approché, perçant la nuit. Les joueurs sont arrivés d'un pas endormi. Deux d'entre eux étaient encore en pyjamas et robes de chambre.

«Je leur ai dit : *Avez-vous écouté les nouvelles ? Savez-vous ce qu'ils prédisent ? Ils disent que nous allons nous faire massacrer, nous faire passer quatre, cinq ou six touchés. Alors, vous savez. Bon, eh bien, je veux vous dire quelque chose. Jésus a dit : Si vous avez de la foi comme un grain de sénevé, un petit grain de moutarde, vous pouvez dire à votre montagne : Déplace-toi ! et elle se déplacera. Et rien ne vous sera impossible. Et maintenant, retournez vous coucher.* »

Je lui ai demandé : «Et alors ? »

Il m'a répondu : «Monsieur Schuller, nous avons perdu. Mais par trois points seulement. Nous avons perdu la partie, mais, sacrebleu, nous n'avons pas perdu la face ! »

14. N'abandonnez pas votre leadership à vos ennemis

Je me suis heurté à une forte opposition lorsque j'ai pris en main la construction de la cathédrale de cristal. Elle ne venait pas de nos membres. Ils nous soutenaient de leurs efforts, de leur affection et de leurs prières. Mais, à l'extérieur, j'avais des ennemis. Leurs critiques étaient difficiles à encaisser. Mais toute cette expérience m'a appris ceci : pas un seul ennemi, pas une seule critique ne m'offrait une meilleure solution à mon problème. Je n'ai pas tardé à comprendre que, en réalité, mes ennemis ne s'intéressaient pas à la solution de mes problèmes.

Ils n'ont pas à rendre de comptes. Vous et moi devrons, un jour, nous présenter devant le Créateur et lui rendre compte de ce que nous avons fait et des raisons pour lesquelles nous n'avons pas fait telle ou telle chose. Savez-vous ce que ça serait pour moi, l'enfer ? Ce serait que Dieu me regarde et qu'Il me dise toutes les choses que j'aurais pu faire si j'avais eu plus de foi.

Le principe du leadership peut être évident. Ce qui suit ne l'est peut-être pas autant.

15. N'abandonnez pas votre leadership à vos amis

Chaque fois que nous avons pris une décision à l'assemblée, un ou deux de mes meilleurs amis, membres du conseil, ne m'ont pas suivi. C'est vrai aussi de mon mariage, ma femme et moi ne sommes pas toujours tombés d'accord.

Quelqu'un m'a demandé un jour : « Comment avez-vous réussi votre mariage pendant trente-deux ans, si vous n'avez pas été toujours en accord ? » Je vous renvoie pour la réponse à un livre que ma femme a écrit, *The Positive Family*. Elle y révèle son secret.

Nous avons une échelle pour mesurer la gravité de nos désaccords. Elle va de un à dix :

1. Au niveau le plus bas, c'est : « Ça ne me ravit pas. Mais fais-le, si c'est ce que tu veux. » À partir de là, l'intensité des commentaires s'accentue.

2. « Je ne vois pas ça comme ça, mais je peux bien me tromper, alors fais-le. »

3. « Je ne suis pas d'accord. Je suis sûr que tu te trompes. Mais ce n'est pas plus grave que ça. Fais-le. »

4. « Je ne suis pas d'accord. Mais je ne vais pas faire d'histoires pour l'instant. On verra plus tard. L'année prochaine, je pourrai refaire la

peinture, la tapisserie et les fauteuils à mon goût. »

5. « Je ne suis pas d'accord, il faut que je te le dise. Je t'aime, mais je ne peux pas ne pas te cacher mon désaccord. Alors ne monte pas sur tes grands chevaux, si je t'en fais la remarque à l'avenir. »

6. « Non, je n'approuve pas cette idée ; je propose que nous attendions d'être émotionnellement et rationnellement capables de revoir nos positions. Donne-moi plus de temps. »

7. « Mon désaccord est total. C'est une erreur... grave, difficile à corriger... et je ne reculerai pas. Il m'est absolument impossible de te suivre sur ce point. »

8. « Ma réponse, c'est non ! Si jamais tu persistes dans ton idée, je ne peux pas répondre de ce que sera ma réaction. »

9. « Pas question ! Si jamais tu fais ça, alors je dois te dire que je m'en vais ; je prends la porte ! »

10. « Non, trois fois non ! Plutôt mourir ! »

Je dois dire que, en trente-deux ans de mariage, nos désaccords n'on jamais dépassé le niveau six.

Quand je sens la moutarde me monter au nez, je dis : « Chérie, c'est un six. » Six veut dire : « Je t'aime très, très fort. Je ne sais pas comment ça va affecter notre relation, qui est bien plus importante que ça, alors attendons un peu pour réfléchir. Dans un mois ou deux, je serai peut-être d'accord. Mais aujourd'hui, non. Donne-moi le temps de comprendre ton point de vue, de sentir ce que tu sens. »

Les amis peuvent vous donner leur avis. Ils peuvent partager avec vous leurs opinions. Mais ils ne devraient jamais avoir le dernier mot. La seule personne qui puisse prendre la décision et en assumer les conséquences, c'est vous. Faites ce que vous croyez légitime de faire. Soyez fidèle à vous-même, à vos idéaux et à vos rêves.

16. N'abandonnez pas votre leadership aux épreuves de la vie

Une épreuve cruelle peut faire perdre la foi dans l'avenir. Un jeune homme m'a confié, après que sa femme l'eut quitté pour un autre homme : « Je ne ferai jamais plus confiance à une femme. »

Je lui ai dit : « Croyez en vos rêves. Ne croyez pas en vos plaies. Ne soumettez pas votre avenir à cette douloureuse expérience. »

Je me souviens d'une amie très chère qui avait un caniche, un chien charmant et adorable. Le caniche est mort. Je lui ai dit : « Betty, quand vas-tu acheter un nouveau petit chien ? »

Elle m'a répondu : « Jamais plus. »

« Pourquoi donc ? » lui ai-je demandé.

« Oh, c'est si cruel quand on les perd. Non, c'est fini. »

Alors, je lui ai dit : « Betty, ta peine ne doit pas te faire renoncer. Tu ne dois pas laisser les peines, les douleurs, les expériences éprouvantes de l'existence décider de tes décisions pour l'avenir. »

17. N'abandonnez pas votre leadership aux coups du sort

J'ai connu des familles dans nos assemblées religieuses qui ont surmonté des expériences qui en auraient vaincu bien d'autres. La famille Van Allen, par exemple. Ed et Jeanne ne sont plus, partis bien trop jeunes. Ed Van Allen est mort tandis qu'il allait livrer un nouvel avion à une base du Pacifique. Son appareil n'a jamais atteint Honolulu. Son frère à peine disparu, Jeanne a appris qu'elle avait le cancer, que c'était très grave, qu'elle n'avait plus longtemps à vivre. Elle mena une bataille perdue d'avance, puis le mal s'aggrava brutalement. Elle revint chez nous, y accomplit un excellent travail, nous apporta une aide précieuse.

Assis à son chevet, tandis qu'elle s'éteignait, je lui ai posé cette question : « Jeanne, comment avez-vous pu trouver l'énergie de revenir travailler chez nous ces dernières semaines ? Il y a trois mois, vous étiez moribonde. »

« Oh, m'a-t-elle répondu, je me suis mise à réfléchir : *Alors, c'est comme ça... aucun espoir... c'est le moment de dire adieu, de renoncer.* Mais je me suis mise à prier et cette pensée m'est venue : Si je renonce, deux organisations vont en bénéficier : la morgue et le cimetière. Mais si je m'accroche pour un mois ou plus, ma famille en bénéficiera, et peut-être même mon église.

« Alors je me suis dit, je vais m'habiller, une fois encore, et je vais aller travailler au téléphone, au service téléphonique d'aide NEW HOPE une journée au moins, au moins deux heures. »

Et elle a ajouté : « Alors, j'ai eu comme des inspirations. J'ai pensé à des centaines de choses que je voulais faire. Je ne cessais de me dire: *Je vais faire ceci, je vais faire cela*. Monsieur Schuller, à force de dire ça, je l'ai fait!»

Jeanne ne s'est pas laissée abattre par ce coup du sort cruel. Elle a aussi appliqué le dernier principe du leadership, celui qui résume tous les autres.

18. N'abandonnez votre leadership qu'à une seule chose: la foi

Que chacune de vos décisions et actions soit sous le contrôle de la foi. C'est ce que vous faites lorsque vous laissez les possibilités positives décider de vos objectifs.

Lorsque vous considérez votre existence et son orientation, posez-vous ces questions: «Qui commande? Qui décide? À qui ai-je abandonné mon leadership?»

Abandonnez votre leadership à la foi. Abandonnez votre leadership à Dieu. Qu'Il commande à votre existence. Posez-Lui trois questions: «Dieu, qui suis-je? Pourquoi suis-je ici? Quelle est ma direction?» Le moins qu'on puisse dire, c'est que ses réponses vous surprendront. Elles vous ouvriront les yeux, vous feront découvrir l'être merveilleux que vous êtes et que vous allez devenir, le fantastique avenir qui vous attend.

6

Les dix commandements de la conscience du possible

La conscience du possible. Qu'est-ce que c'est? C'est essentiellement le contrôle des idées. Certaines personnes ne parviennent jamais à contrôler le temps. D'autres ne parviennent jamais à contrôler l'argent. D'autres encore à contrôler les autres ni à se contrôler. La conscience du possible ne s'intéresse pas au contrôle du temps, de l'argent, de l'énergie ou des personnes, mais au contrôle de la pensée.

Qu'est-ce que j'entends par *contrôle*? C'est assurer la gestion d'une ressource personnelle de façon à en limiter au minimum le gaspillage et à exploiter pleinement son potentiel.

Je sais, pour l'avoir entendu dire, que des milliers, des dizaines de milliers d'idées sont conçues par tout cerveau. La grande majorité de ces idées sont négatives. La conscience du possible consiste à rigoureusement distinguer les pensées positives des négatives à l'aide du critère suivant: les pensées positives sont celles qui recèlent un potentiel latent de bien.

Ceux qui pensent à l'impossible sont les gens qui, d'instinct, adoptent une réaction négative devant une idée riche de possibilités. Leur impulsion naturelle les pousse à chercher des raisons de ne pas agir. Ils étouffent prestement les idées et les oublient aussitôt.

Ceux qui s'arrêtent au possible, à l'opposé, considèrent toute idée pour savoir si elle offre des possibilités. Si tel est le cas, ils l'adoptent. Ils ne la laissent pas s'échapper.

J'ai reçu dernièrement une lettre d'une dame de Flora, en Indiana, à qui l'on avait proposé une idée positive… elle l'avait mise en pratique… et elle dirige maintenant une petite affaire qui prospère. Voici ce qu'elle a écrit:

Cher monsieur Schuller,

Je vous ai entendu dire, il y a quelques semaines: «Si vous avez perdu votre emploi, estimez-vous chanceux!» Je me suis dit: «Ah! Vraiment!?» Vous avez ajouté: «Vous n'auriez probablement pas le courage de quitter votre emploi pour ouvrir votre propre affaire.» Et je me suis dit: «Comment le savait-il?»

Eh bien, c'est exactement ce qui m'est arrivé. J'ai perdu mon emploi chez General Motors à Kokomo, en Indiana. Je me suis remise à coudre pour moi et pour les autres, mais ça ne payait pas beaucoup. Je ne cessais de demander à Dieu: «Si j'ai un talent, je Vous en prie, aidez-moi à en faire un commerce.»

Au mois d'août, mon mari et moi avons aidé des amis à construire un chalet au Minnesota et, le soir, nous, les femmes, faisions de l'artisanat. Mon amie m'a dit: « J'en ai par-dessus la tête de faire de l'artisanat pour le donner aux autres, et toi? Ouvrons donc une boutique où nous prendrons des articles en dépôt. » Elle a ajouté que nous disposions d'un lieu idéal pour la boutique, là où j'avais installé mon bureau pour mes porcelaines à une extrémité du garage, une pièce de sept mètres sur huit.

Mon amie n'avait pas vu cette pièce depuis que je m'étais désintéressée de la porcelaine il y avait de cela sept années. C'était devenu ma pièce à bric-à-brac, ma pièce à tout mettre. Vous pouvez imaginer. Lorsque nous sommes rentrés du Minnesota, nous avions une liste de cinquante personnes qui faisaient de l'artisanat à notre connaissance. Nous avons fait un grand ménage, une vente de garage, et ce que nous n'avons pas réussi à vendre, nous l'avons fait ramasser par une œuvre de charité. Nous avons tiré six cents dollars de toutes ces vieilleries que nous croyions sans valeur. Nous nous sommes dit : *Si les gens se déplacent pour une vente de garage, ils devraient venir pour de l'artisanat.*

Nous avons acquis un tapis écossais très bon marché, de couleur citrouille. Nous avons coloré les vitres, fait des rideaux à garniture de petites citrouilles et avons baptisé le tout: La Boutique de la Citrouille. Nous avons ouvert le 1er octobre.

Le premier mois, nous avons reçu plus de six cents visites et avons vendu pour 2 533,22$.

Avant d'ouvrir nos portes le 1er octobre, nous avons eu un long entretien avec Dieu et L'avons fait notre Associé numéro 1. Nous avons maintenant quatre-vingt-quatorze fournisseurs et des choses faites main ravissantes. Quand j'y repense, nous n'avons entretenu aucune pensée négative à ce sujet. Nous nous sommes simplement dit que ce devait être l'idée de Dieu. Nous n'aurions jamais pu réussir aussi vite sans son aide. Et nous vous remercions vraiment, monsieur Schuller, pour toute votre aide. Je parle souvent de vous à la boutique.

Cette dame est une adepte du possible! Elle aurait pu rejeter la proposition de son amie pour toutes sortes de raisons. Loin de là, elle a contrôlé les idées négatives, réalisé les positives et maintenant son problème d'emploi est réglé!

J'estime que je suis, quant à moi, un adepte du possible. J'ai mis en action bien des idées qui paraissaient au départ humainement impossibles à réaliser. Les résultats m'ont toujours étonné. Mais je dois reconnaître que j'ai eu bien d'autres idées qui étaient si absurdes que je les ai rapidement rejetées. Je ne leur ai jamais donné la moindre chance.

Aujourd'hui, on m'a offert les clés d'une Lincoln toute neuve. Cette voiture m'appartient, gratuitement, pour douze mois. Ce cadeau est le fruit d'un rêve impossible que j'avais eu la tentation de rejeter.

L'idée m'en était venue pour la première fois lorsque j'étais avec ma femme à l'aéroport d'Honolulu. Nous nous informions au sujet de la location d'une voiture, lorsque l'employé nous a dit: «Nous faisons présentement une super-vente. Nous avons des Lincoln toutes neuves, tout équipées et entièrement informatisées. On les loue normalement pour 60$ par semaine, mais nous pouvons vous en offrir une pour 35$ seulement!»

Ma femme était si enthousiaste à cette idée qu'elle m'a convaincu de louer la voiture. Elle était splendide! Un vrai plaisir à conduire.

C'est alors qu'une idée m'est venue: «Ne serait-ce pas une idée merveilleuse d'en avoir une comme celle-là pour Arvella (ma femme)? Après tout, la sienne a déjà plus de 128 000 kilomètres au compteur.»

Cette idée était une bonne idée. C'était une idée positive. Elle serait un facteur de satisfaction et de sécurité pour un être aimé. Cependant, quand je me suis représenté combien une telle voiture coûterait, j'ai rapidement pensé à une autre chose.

À peine me suis-je dit: *N'y pense plus, Schuller. C'est trop cher,* qu'une autre idée m'est venue: *Pourquoi ne pratiques-tu pas ce que tu prêches? Tu viens de donner, la semaine dernière, une conférence à des vendeurs. Tu as dit à des milliers d'auditeurs comme il est important de contrôler ses idées. Tu as dit: «Ne rejetez jamais une idée sous prétexte qu'elle est irréalisable. Donnez-lui une chance.»*

J'ai donc décidé de l'essayer. Je me suis dit que le moins que je pouvais faire était de m'informer de son prix. Peut-être était-il inférieur à ce que je croyais. Et même si ce n'était pas le cas, je pourrais peut-être profiter d'une vente spéciale. Ou encore, je pourrais essayer d'améliorer, d'une façon ou d'une autre, mon revenu. J'ai résolu de chercher une solution.

Dès l'instant où *j'ai vraiment décider de faire un essai,* une porte s'est ouverte! Je me suis soudain rappelé avoir rencontré un monsieur du nom de Bob Eagle, qu'on m'avait ainsi présenté: «Directeur du magasin Eagle-Lincoln-Mercury de Dallas, l'un des plus importants du pays.»

Devais-je appeler Bob et voir s'il pouvait me vendre une de ses voitures au prix coûtant? L'idée semblait folle. J'étais encore une fois tenté de la rejeter. Mais je me suis rappelé un autre principe que j'ai souvent présenté dans mes conférences: «Agir sans retard!»

J'ai décroché un téléphone, ai appelé la téléphoniste de Dallas pour lui demander le numéro du concessionnaire Eagle-Lincoln-Mercury. J'ai appelé personnellement Bob Eagle. Lorsque sa secrétaire a entendu que c'était un appel personnel d'Hawaï, elle m'a assitôt passé Bob Eagle. Son accueil a été chaleureux.

Je lui ai dit comme j'étais impressionné par la Lincoln et que, bien que je ne pouvais pas me la permettre, ce serait un merveilleux cadeau à ma femme pour son anniversaire.

Bob a dit: «Monsieur Schuller, votre émission m'a vraiment aidé. Je voudrais, à mon tour, vous aider. Voyons ce que je peux faire.»

Quelques minutes plus tard, il me rappelait: «Il y a quelqu'un à qui j'aimerais que vous parliez. C'est Gordon MacKenzie, vice-président de Ford.»

C'est ainsi que, au moyen d'un appel-conférence, j'ai fait la connaissance de Gordon Mackenzie qui m'a invité à visiter la chaîne de montage, à Détroit, lorsque je passerais par là plus tard dans la semaine.

Arrivé à Détroit, je fus reçu très aimablement par Gordon et son ami, John Sagan, trésorier de Ford. Il m'ont invité à dîner et, le lendemain matin, m'ont fait faire le tour de l'usine de montage.

Comme nous regardions les chaînes de montage, Gordon Mackenzie m'a dit: «Monsieur Schuller, je veux que vous vous sentiez libre d'interrompre tout ouvrier et de lui poser les questions que vous voulez. »

J'ai décidé d'accepter son offre et ai donné une tape sur l'épaule d'un ouvrier. MacKenzie m'a présenté. J'ai dit: «Est-ce que votre travail vous plaît? »

«Je l'adore», m'a-t-il répondu.

«Et pourquoi? » ai-je demandé.

Ses yeux se sont mis à pétiller, et il m'a répondu en souriant de toutes ses dents et en me montrant du doigt un magnifique modèle: «Voilà pourquoi! Je suis fier de m'occuper de cette voiture. C'est la plus belle automobile du monde. Elle est imbattable, côté valeur et prix. Nous n'avions jamais produit une pareille auto à Détroit! Ça, c'est sûr! »

Comme je quittais l'usine, je me suis tourné vers MacKenzie: «Gordon, je suis vraiment impressionné par ce que vous faites ici. Personne ne pourrait apporter autant de soins, d'attention et de qualité que vous en mettez dans la fabrication de ce modèle. »

Gordon MacKenzie s'est rendu compte de la profonde impression qu'avait produite sur moi le grand intérêt des ouvriers de sa compagnie, et il m'a dit : « Monsieur Schuller, puisque vous êtes si impressionné, nous aimerions faire quelque chose pour vous. Nous voulons vous accommodé : devenez le conducteur de l'un de ces modèles pour les douze mois à venir, et cela gratuitement. Vous verrez que tout ce que nous vous avons dit est vrai ! »

C'est comme ça que j'ai reçu les clefs d'une Lincoln toute neuve. Ça ne se serait jamais produit si je n'avais pas saisi par les cheveux mon idée de départ. Ce qui me fait penser à toutes les occasions heureuses que j'ai ratées par négligence chaque fois que je n'ai pas osé suivre une idée positive.

La morale de cette histoire est la suivante : Ne sous-estimez jamais la valeur d'une idée. Toute idée positive recèle un potentiel de réussite si on la contrôle comme il faut. Comment faire pour gérer nos idées assez efficacement pour que nous soyons assurés du succès ? Grâce aux dix commandements de la conscience du possible, voilà comment ! Si vous respectez ces dix commandements de la conscience du possible, vous serez étonné par les succès que vous connaîtrez. Quels sont-ils ?

1. Ne rejetez jamais une possibilité parce que vous y trouvez un défaut !

Toute bonne idée a quelque défaut. Chaque fois que Dieu vous propose une idée, vous pouvez y trouver des aspects négatifs. Il est étonnant de constater comme, lors de débats, les gens réagissent aux idées qui y sont lancées en y trouvant des défauts. Face à un problème, ne rejetez aucune suggestion. Isolez plutôt le négatif du possible. Neutralisez le négatif. Exploitez la possibilité, dépassez le négatif. Ne permettez jamais que le négatif détruise le positif, le potentiel de toute occasion.

Rien n'est impossible si nous gardons en tête l'idée que ça pourrait d'une façon ou d'une autre devenir possible, avec l'aide de quelqu'un. Il y a de cela à peine quelques semaines, on m'a demandé de donner un séminaire à des chômeurs. On m'a dit : « Monsieur Schuller, vous croyez à la conscience du possible. Ça peut peut-être aider les chômeurs à résoudre leurs problèmes impossibles et à se trouver un emploi. »

Franchement, l'idée m'a stimulé. Elle m'a contraint à revoir les principes de la conscience du possible et à les appliquer à un domaine auquel je n'avais jamais essayé de les appliquer.

Tandis que je préparais ma conférence, mes notes se sont empilées jusqu'au moment où j'ai compris ceci : *Ça pourrait aider nombre de chômeurs. Je devrais peut-être écrire un livre à ce sujet.*

À ce moment-là, j'aurais pu avoir une réaction négative. J'ai cédé, à l'opposé, à une impulsion positive, ai appelé mon éditeur et lui ai demandé : « Pourriez-vous publier un livre et le diffuser dans le public en quelques mois ? Je crois que j'ai à dire des choses qui pourraient être très utiles aux gens sans emploi. Je voudrais le sortir le plus vite possible. »

Mon éditeur, Larry Stone, m'a dit : « Je vous rappelle. »

Le vendredi suivant, mon téléphone sonnait. C'était Larry. « Monsieur Schuller, nous adorons la formule :

Après la pluie, le beau temps. Nous serions ravis si vous écriviez un livre avec ce titre. Ça pourrait être très, très utile pour des tas de gens. Nous pensons nous aussi qu'il faut sortir ça vite. Des tas de gens sont au bout du rouleau et ont aujourd'hui besoin d'espoir.

« Notre catalogue de printemps va être imprimé dans trois jours. Si vous êtes d'accord, nous y annoncerons votre nouvel ouvrage... sortie dans six mois. D'accord? »

J'étais ravi. « Pour sûr que oui! » ai-je répondu.

C'est alors qu'il a lâché le gros morceau: « Pour tenir notre promesse, il faut que nous ayons les quatre premiers chapitres avant le 15 novembre. »

« Pas de problème, ai-je répondu sans réfléchir. Vous les aurez! »

Ma femme avait entendu la conversation; elle m'a dit: « Qu'est-ce que tu as accepté de faire? » Je le lui ai dit. « Sais-tu quelle est la date d'aujourd'hui? » m'a-t-elle demandé.

J'ai répondu que non.

« Le quinze novembre tombe dans dix jours. »

J'étais horrifié. « Dans dix jours? C'est impossible que je sorte quatre chapitres d'ici là! Demain, c'est samedi et j'ai besoin de toute cette journée pour écrire les deux sermons que je me suis engagé à donner dimanche. »

Le seul jour de libre que j'avais avant le 15 novembre était le lundi 8. Comment pourrais-je arriver à écrire les quatre chapitres avant le 14? J'en ai conclus en mon for intérieur que je m'étais engagé à l'impossible. Pourtant, tout en moi se refusait à renoncer à cette idée. Ça devait être fait d'une façon ou d'une autre.

Mieux vaut accomplir
quelque chose d'imparfait
que de ne rien accomplir
du tout.

Le lundi matin, je n'étais pas du tout motivé. En fait, j'étais paralysé par l'angoisse.

Je me suis laissé interrompre par des appels téléphoniques. Je me suis laissé déranger par d'autres obligations.

Quand je me suis couché, à dix heures et demie, ce lundi soir, je n'avais pas écrit un mot. Cela voulait dire qu'il ne me restait plus que six jours pour écrire les quatre chapitres.

Vous êtes en train de lire le livre, donc vous pouvez constater que j'ai terminé les chapitres à temps. Qu'est-ce qui m'a sauvé? Une formule positive? Les encouragements de ma femme? Non, c'est un coup de téléphone obscène.

Le mardi matin, 9 novembre 1982, le téléphone me réveilla à quatre heures trente du matin. La personne qui m'appelait ne dit pas un mot. Je n'entendais que sa respiration oppressée.

Je me suis tourné de l'autre côté pour dormir encore deux heures, mais j'étais incapable de retrouver le sommeil. Comme je tournais et me retournais dans mon lit, cette pensée m'est venue: *Pourquoi ne te lèves-tu pas? Va dans la bibliothèque et commence à dicter.* Mais j'ai élevé des objections: *Je ne peux pas dicter un livre. Je ne dicte jamais de livres! C'est quelque chose à quoi je n'ai jamais cru.* (Ne me demandez pas pourquoi. C'était tout simplement la manifestation d'un blocage mental.)

C'est alors que je me suis souvenu que j'étais censé être un adepte du possible. *Schuller, pratique ce que tu prêches. Tout est possible. Il est peut-être aussi possible de dicter un livre. Au moins, ça t'aidera à démarrer.*

Rappelle-toi que tu as écrit dans Move ahead with Possibility Thinking* : « *Un travail commencé est déjà à moitié fait.* »

Et le tour était joué. J'ai réagi à l'idée. Je me suis glissé hors du lit, me suis rendu à la bibliothèque et me suis mis à dicter dans le silence et l'obscurité du petit matin. Je ne me suis pas arrêté de parler pendant deux heures. L'aube se levait. Mes filles se retournaient dans leurs lits. Le jour commençait à peine et j'avais déjà écrit un chapitre au complet.

Le reste de la journée fut très occupé. Aucun moment libre pour travailler. Mais je me suis couché ce soir-là avec la stisfaction d'avoir terminé un chapitre au complet. À trois heures du matin, le vendredi, nos chiens m'ont réveillé. Nos samoyède, doberman et berger allemand ne cessaient pas d'aboyer. Finalement, je suis sorti du lit pour les calmer et j'ai découvert qu'ils avaient trouvé un raton laveur sous la véranda. Ils aboyaient furieusement devant cette petite créature piégée et tremblante. Je donnai de la nourriture à mes chiens pour les apaiser. Je leur lançai des ordres. Rien à faire.

Dégoûté, je retournai au lit. Je n'arrivais pas à dormir. Aussi, pour la deuxième fois de suite, je me suis rendu dans la bibliothèque pour y dicter un autre chapitre.

J'ai ensuite appelé mon rédacteur en chef, qui publie mes sermons tous les dimanches et les connaît mieux, donc, que quiconque. Cette personne est ma fille, Sheila

---

* À paraître sous peu en langue française aux éditions Un monde différent ltée.

Schuller Coleman. Je lui ai dit: « Sheila, j'ai besoin de ton aide pour écrire les deux autres chapitres dans les jours qui viennent. Tu te rappelles l'histoire de Birt, Benno, et John, notre conseiller de NEW HOPE qui était paralytique? Et pourrais-tu m'aider à mettre au propre les autres chapitres que j'ai dictés? Pourrais-tu trouver ma conférence sur les dix commandements de la conscience du possible et la développer pour en faire le quatrième chapitre? »

« Bien sûr que oui! » m'a-t-elle répondu allègrement.

L'histoire que je vous confie présentement, je l'ai dictée le lundi matin à quatre heures trente! Quelques heures plus tard, je partais pour l'Arizona et l'Indiana. J'étais de retour le vendredi en fin de soirée. Le samedi, je préparais deux sermons pour le dimanche. Mais le samedi matin, sur mon bureau, se trouvaient les quatre chapitres de ce nouvel ouvrage: *Après la pluie, le beau temps!*

Ce que j'avais estimé être une impossibilité absolue était devenu une réalité!

2. Ne rejetez jamais une possibilité parce que vous n'allez pas en retirer le mérite!

Dieu peut accomplir des choses extraordinaires par l'intermédiaire de la personne qui ne s'inquiète pas de savoir qui recueillera les lauriers. Il y a des années, j'ai rencontré un monsieur qui était p.-d.-g. d'une compagnie de Minneapolis. Cette compagnie avait réalisé le premier ballon-satellite, énorme, qui traversait le ciel nocturne comme une étoile. C'avait été une réussite des débuts de la conquête de l'espace. J'avais alors dit à ce président: « Excusez-moi de vous dire ceci, mais je n'ai jamais entendu votre nom, ni celui de votre compagnie. »

Il m'avait répondu: « C'est bien possible. Nous n'avons pas eu les lauriers, mais nous avons eu le contrat. »

Ne vous inquiétez pas des lauriers. Sinon, votre ego va perturber les moments décisifs de votre existence. Les décisions ne doivent pas se fonder sur les besoins de notre ego. Elles doivent se fonder sur des besoins humains réels et les forces du marché, lesquels transcendent nos propres désirs. Décidez sur-le-champ: Préférez-vous plaire à votre ego... ou jouir des fruits du succès?

3. Ne rejetez jamais une idée parce qu'elle est impossible!

Presque toutes les grandes idées paraissent impossibles au moment où elles sont conçues. Les plus grandes idées d'aujourd'hui sont encore impossibles. Les adeptes du possible prennent de grandes idées et transforment les impossibilités en possibilités. C'est ça, le progrès!

La question importante est de savoir si l'idée est bonne. Aidera-t-elle ceux qui souffrent? Sera-ce important pour le pays et le monde? Si c'est oui, trouvez la façon de réussir ce qui est, aujourd'hui, impossible.

Il n'y a pas très longtemps, j'étais à Singapour, où j'ai eu des entretiens avec un gagnant du prix Nobel de biologie, actif dans les domaines de l'ingéniérie génétique et des manipulations chromosomiques. Il prédit que, si on leur en donne la possibilité, les généticiens sauront mettre au point une plante capable de produire un alcool

Face à la montagne, je n'abandonnerai pas! Je ne ménagerai pas mes efforts, tant que je ne l'aurai pas gravie, ou que je n'aurai pas passer à travers en y creusant un tunnel. Ou bien, restant sur place, tant que je n'aurai pas transformé la montagne en une mine d'or, avec l'aide de Dieu!

de très haut rendement pour des moteurs encore à concevoir. Voilà la conscience du possible à l'œuvre! Que ce soit impossible aujourd'hui ne signifie pas que ce soit impossible demain. Nos objectifs devraient se modeler sur la question de savoir si leurs fruits feront sensation.

4. Ne rejetez jamais une possibilité parce que vous avez déjà arrêté votre décision!

Je suis sûr que vous avez déjà entendu dire: «Ne m'ennuyez pas avec ces faits, ma décision est déjà prise!» J'ai dû plus d'une fois changer d'avis publiquement. Les gens qui ne changent jamais d'avis sont soit parfaits, soit butés. Je ne suis pas parfait et vous ne l'êtes pas non plus. Je préfère modifier mes plans avant de mettre les voiles que de partir couler dans l'océan.

5. Ne rejetez jamais une idée parce qu'elle est illégale!

Écoutez bien, sinon vous allez comprendre ce commandement de travers. Certaines des idées les plus grandes sont impossibles parce qu'elles sont illégales aujourd'hui. Vous ne devriez jamais enfreindre la loi, mais ne rejetez pas une idée simplement parce qu'elle est illégale. Après tout, vous pouvez obtenir que la loi soit modifiée!

L'un de mes bons amis, Bill Brashears, avait acquis quatorze parcelles de terrain en vue d'un centre commercial de douze acres. Mais il s'était heurté à un problème capital. Il y avait, au milieu de la propriété, un canal de dérivation des eaux en cas d'inondation et il était illégal de construire au-dessus. Ç'aurait pu être là la fin de ses projets, mais je lui ai donné ce conseil: «Ne rejette jamais une idée parce qu'elle est illégale. La loi est inadaptée; obtiens donc qu'elle soit modifiée. Après tout, ils ont construit l'édifice de la Prudential à Chicago sur les voies ferrées. Pourquoi est-ce que de l'eau ne coulerait pas sous un bâtiment dans Orange County? » Bill a donc mené campagne et la loi a été modifiée. Il en existe ainsi beaucoup qui devraient être modifiées.

6. Ne rejetez jamais une idée parce que vous n'avez pas l'argent, les hommes, les muscles ou le temps pour la réaliser!

Tout ce qu'il faut pour accomplir l'impossible est de la matière grise, de la main-d'œuvre, de l'argent, du muscle et du temps. Si vous ne les avez pas, vous pouvez les acquérir. Avec le temps, l'énergie, les ressources humaines, le capital, presque tout est possible. Ne rejetez pas une idée sous le seul prétexte que vous n'avez pas les moyens nécessaires. Engagez-vous à réaliser de grandes choses, puis réglez les problèmes. Les personnes choyées par le succès disposent de très peu de ressources, sinon la capacité de prendre une idée et de mobiliser des gens plus forts et plus intelligents pour la mettre en œuvre.

Il y a de cela bien des années, lorsque la magnifique gare Union fut bâtie à Cincinnati, on décora les murs de mosaïques spectaculaires. Elles décrivaient les métiers et les industries de la ville de Cincinnati.

Avec le temps, ce monument commença à s'affaisser. Lorsqu'on le condamna, les gens furent horrifiés. Que deviendraient les exquises mosaïques? Il était impensable de les détruire.

Pourtant, quand on consulta les experts, ils répondirent: « Il n'y a aucun moyen de sauver les mosaïques de la destruction de l'édifice. »

Alfred Moore refusa de se satisfaire de cette réponse. Il n'acceptait pas que les mosaïques soient détruites. Il résolut qu'il trouverait une solution. Cette décision fut la clé qui ouvrit son esprit. Il imagina une méthode pour enlever ces mosaïques de six mètres sur six.

Il créa une gigantesque structure d'acier pour le mur. Puis il installa un filet de métal de l'autre côté du mur qu'il fit asperger d'un ciment spécial employé pour les piscines. Enfin, grâce à une énorme grue, il souleva les murs, les transporta et les fit installer dans l'aéroport. C'est là qu'ils se trouvent aujourd'hui !

7. Ne rejetez jamais une idée parce qu'elle va créer des conflits !

Plus j'étudie la conscience du possible, plus j'en viens à cette seule conclusion. On ne crée jamais une possibilité sans créer aussi des problèmes. On ne fixe jamais un nouvel objectif sans engendrer de nouvelles tensions. On ne s'engage jamais dans de nouvelles entreprises sans créer des conflits. Toute idée de quelque valeur est fatalement rejetée par les gens qui ne la suivent pas. Rejeter une idée pour la seule raison qu'elle pourrait créer des conflits, c'est « renoncer à son leadership » au bénéfice de ses amis comme de ses ennemis !

8. Ne rejetez jamais une idée parce qu'elle ne correspond pas à votre manière d'agir !

Apprenez la souplesse. Préparez-vous aux compromis. Adaptez-vous. Un style différent, une nouvelle politique, un changement dans les traditions, autant d'occasions de progresser. Soyez disposé aux compromis. Apprenez à être équilibriste. Maintenez l'équilibre entre les tensions créées par les occasions à exploiter et les ressources limitées dans l'instant. Modifiez votre budget en proportion. Sacrifiez certaines de vos préférences. Adaptez votre style de vie. Il vous faudra peut-être décider : « Il est plus important de réussir que de m'accrocher prétentieusement à mes goûts particuliers. »

9. Ne rejetez jamais une idée par peur de l'échec !

Toute idée de valeur contient en elle-même le risque de l'échec. Il existe un risque en tout. Ce dont notre pays a le plus besoin aujourd'hui, c'est de la conscience du possible.

Je viens de rentrer d'un voyage à Singapour, où la productivité des gens est impressionnante. Singapour importe cent pour cent de son pétrole, et au prix fort. Si Singapour paye le même prix que nous payons et doit tout importer, pourquoi cette réussite ? Les gens de là-bas ont une meilleure conscience du possible.

Notre problème réside ici dans la gestion, la main-d'œuvre et les consommateurs. On dit aux consommateurs que si un produit a quelque défaut, ils ne doivent pas l'acheter, ou, s'ils l'achètent, d'intenter un procès à la compagnie. La force ouvrière a ses problèmes. Les administrateurs ont leurs problèmes. Je crois qu'il n'y a rien de pire que cette mentalité dominée, en Amérique, par la peur du risque.

Si Jésus-Christ avait eu cette mentalité, Il ne serait jamais mort sur la croix. Le principe de la foi signifie essentiellement que vous êtes prêt à faire un sacrifice suprême pour le plus grand bien des autres. Rien ne peut être certain jusque-là. La réussite n'est jamais sûre, l'échec jamais définitif.

Les gens considèrent mon œuvre et pensent que c'est une réussite. Oui, certes. Mais pour combien de temps ? Avec la grâce de Dieu, *pour autant de temps qu'il nous est possible.* La réussite n'est jamais taillée dans le granit. Elle est modelée dans l'argile. L'Amérique croyait qu'elle était arrivée mais, aujourd'hui, nous sommes dépassés. Tandis que nous connaissions la réussite et prenions de longues pauses pour le lunch, d'autres se hâtaient et nous dépassaient.

On ne rejette jamais une idée à cause du risque qu'elle implique. On isole le risque, on le cerne et, bientôt, on l'élimine.

10. Ne rejetez jamais une idée parce qu'elle promet de réussir !

Il y a des gens aujourd'hui qui s'abstiennent s'ils sont certains de réussir. Cela tient, entre autres, à ce que ces personnes se mettent à imaginer les satisfactions d'amour-propre que leur donnerait la réussite pour, finalement, par humilité, y renoncer.

À tous mes amis chrétiens qui essaient de suivre Jésus et qui disent : « Je ne devrais pas viser la réussite, le sommet de l'échelle. C'est de la vanité. C'est matérialiste », je dois répondre que c'est faux ! Préférer la pauvreté à la prospérité, l'échec au succès, la médiocrité aux grandes réalisations, par simple souci d'humilité, ce n'est pas être un super-chrétien. C'est de la sottise. Seuls les gens qui ont réussi peuvent aider ceux qui échouent ; seuls ceux qui survivent peuvent donner de la nourriture aux affamés.

Rich DeVos, membre de notre conseil et président de la compagnie Amway, a coutume de dire ceci : « Les pau-

vres ne peuvent pas aider les pauvres. » Si une idée satisfait votre amour-propre, cela ne signifie pas qu'elle ne
vient pas de Dieu. L'épître aux Philippiens l'affirme caté-
goriquement au verset 2; 13: «Dieu est là qui opère en
vous à la fois le vouloir et l'opération même, au profit de
ses bienveillants desseins. » Ne vous opposez pas à une
idée du seul fait qu'elle promet de réussir.

Ces dix commandements de la conscience du possible, où les ai-je trouvés? Ils viennent tous les dix de la
Bible, tous les dix de Jésus-Christ, le plus grand adepte
du possible de l'univers. Il a dit: «Si vous avez de la foi
comme un grain de sénevé, vous direz à cette montagne:
Déplace-toi d'ici à là et elle se déplacera, et rien ne vous
sera impossible. » (Mt 17; 20)

7

Comptez jusqu'à dix
et remportez la palme !

Il y a bien des années, j'ai découvert une formule pour résoudre les problèmes insolubles. C'est une formule qui m'a toujours réussi. Je l'appelle : le jeu de la conscience du possible. J'en ai parlé dans *Devenez la personne que vous rêves d'être,* mais je vais vous montrer ici comment il peut vous aider à contrôler vos problèmes et à surmonter les difficultés.

J'ai découvert cet exercice en conscience créative tout à fait par accident, ou devrais-je dire providentiellement ?

C'était en 1955. J'avais accepté l'invitation d'aller en Californie ouvrir un nouveau temple. On m'avait assuré que la secte religieuse responsable assumerait les frais d'achat de deux acres de terrain au coût de 4 000 $. On m'offrait, par ailleurs, 500 $. Pas un sou de plus. Il fallait que j'avance mes propres fonds pour la construction du premier petit bâtiment. Une fois ce dernier construit, je pourrais y célébrer des services religieux et, fallait-il espérer, constituer un noyau de membres fondateurs. J'avais émis l'idée que je pourrais commencer par célébrer les services dans quelque salle vacante, en attendant de constituer un fonds de financement et de construire une première modeste chapelle. Mon conseiller m'avait alors répondu : « Il n'y a pas une seule salle vacante en ville, impossible de trouver le moindre espace à Garden Grove ! »

Voilà donc quelle était la situation lorsque ma famille et moi avons quitté Chicago pour la Californie dans notre Chevrolet, modèle 1953.

Je me trouvais dans un café d'Albuquerque, au Nouveau-Mexique, en compagnie de mon épouse, de notre bébé de six mois, Robert Anthony, et de Sheila, alors âgée de quatre ans. Mes pensées m'entraînaient vers notre destination, à deux jours de là, la Californie.

« Il doit bien y avoir une salle à louer quelque part dans cette ville ! » ai-je lâché à ma femme qui était assise de l'autre côté de la table.

Puis, j'ai fait quelque chose, par intuition, impulsivement. J'ai pris une serviette de papier et j'y ai inscrit en colonne sur le côté gauche les chiffres de 1 à 10. Et j'ai laissé courir mon imagination. Voici à quoi ressemblait ma liste :

1. Louer une école.
2. Louer une loge maçonnique.
3. Louer le local d'une association.
4. Louer une chapelle funéraire.
5. Louer un entrepôt.
6. Louer un club social.
7. Louer un temple adventiste.
8. Louer une synagogue.
9. Louer un cinéma en plein air.

10. Louer un terrain, une tente, et y placer des chaises.

D'un coup, ce qui avait paru absolument impossible semblait possible. Ce mot *impossible* devenait irresponsable, extrême, rétrograde et inintelligent.

Cette liste représentait ma première tentative, élémentaire, pour jouer à un jeu auquel j'allais avoir l'occasion de jouer souvent au cours des trente années suivantes.

J'avais dressé ma liste. J'ai mis alors à l'épreuve chacune de ces possibilités. La première fut éliminée quand j'ai découvert que la loi interdisait de louer une école (elle a été modifiée depuis). Il n'y avait pas de loge maçonnique ni d'association Elk à Garden Grove. Les baptistes se réunissaient déjà dans la seule chapelle mortuaire de la ville. Les presbytériens louaient déjà le temple adventiste le dimanche. Il n'y avait pas de synagogue, pas d'entrepôt libre, pas de club communautaire disponible.

J'en étais donc à la possibilité numéro 9. Il y avait un cinéma en plein air à la limite de la ville. *Trop loin du centre,* me suis-je dit. Mais, après cette pensée négative, j'ai eu une pensée positive. C'était: *Il n'est peut-être pas au centre de Garden Grove, mais il est au centre d'Orange County!* Le reste appartient à l'Histoire. Je me suis rendu à ce cinéma. J'ai appris qu'il se louait dix dollars le dimanche! Et son stationnement avait une capacité de 1 700 voitures.

Quatre semaines plus tard, je commençais à prêcher dans ce cinéma. Je devais y passer six ans, en plein air, sans protection contre les pluies d'hiver, les insectes et les oiseaux.

Quelques années plus tard, notre premier temple était construit. En dix ans, le nombre de nos fidèles atteignait 1 500 personnes. Nous avions besoin de bureaux, de services de consultation pour répondre aux besoins croissants en aide spirituelle de la communauté. Nous avons calculé que tous les bureaux requis par les conseillers et les ministres occuperaient trop de surface au sol. C'est alors que je me suis demandé : *Pourquoi pas dans une tour de bureaux*? Réflexion faite, une tour serait un point de repère, ferait remarquer notre temple. Les clochers des églises font partie du paysage européen et américain.

Pourquoi ne pas bâtir une tour, un clocher qui ne serait pas seulement élevé, mais fonctionnel de la base au sommet? Pourquoi pas des étages, des ascenceurs, une chapelle au sommet, des bureaux, des services de consultation?

C'était une idée stimulante. Mais, encore une fois, je n'avais pas un sou. Pourtant, pour jouer au jeu de la conscience du possible, vous devez tenir pour certain qu'*il n'y a pas de succès possible pour ceux qui ne le jouent pas*.

J'ai décidé de *remporter la palme.* Pour gagner, il fallait que je m'y mette. Je me suis rendu dans une banque de Garden Grove et j'ai ouvert un fonds spécial sous le nom de Tour de l'Espoir. J'y ai déposé vingt-cinq dollars. Puis j'ai adressé à mes fidèles un message aussi convaincant que possible où je partageais avec eux mon rêve d'un centre de services pour les membres de la communauté locale comme pour tous les citoyens du pays. Je leur ai confié mon idée d'installer des lignes téléphoniques dans la tour pour y recevoir les appels des gens

Pour gagner, il faut
commencer par jouer !

désespérés de tout le pays. Le numéro de téléphone en serait un dont tout le monde pourrait se rappeler; il suffirait de composer N-E-W H-O-P-E.

De plus, j'ai imaginé que nous aurions une chapelle au sommet de la tour, où les jeunes pourraient se marier. Ils pourraient voir sur leur gauche l'île Catalina dans le Pacifique. Au nord, ils verraient les montagnes couvertes de neige. Ils verraient tout le comté, les avenues et les autoroutes scintillantes de lumières et en tireraient la sensation de s'élever au-dessus des problèmes de l'humanité.

Voilà le tableau que j'ai dressé à mes fidèles. Mon rêve de la Tour de l'Espoir. «Ça coûtera un million de dollars, leur ai-je dit. Nous avons reçu un don anonyme de 25 $. Il ne nous reste plus à trouver que 999 975 $.»

Deux personnes sont venues me voir après pour me dire: «Quel merveilleux sermon, monsieur Schuller. C'est une idée magnifique. Mais il faut beaucoup d'argent. Je ne sais pas où vous allez le trouver.»

Cette même semaine, j'ai reçu une lettre qui me félicitait pour mon idée accompagnée d'un chèque de 500 $. Encouragé par cet appui, je suis allé sur-le-champ voir l'architecte Richard Neutra. Je lui ai dit: «J'ai une idée pour une tour d'église fonctionnelle.» Je lui ai décrit mon rêve: une chapelle au sommet, des bureaux de consultation aux étages inférieurs. «Voilà, monsieur Neutra, maintenant il me faudrait une belle représentation de cette tour.»

Je lui ai donné mes croquis approximatifs au crayon noir et lui ai demandé: «Pouvez-vous leur donner du style, les rendre attrayants, les faire en couleurs, tout cela pour 525 $?»

Il m'a fait un sourire avant de dire: « Je ne devrais pas accepter. Mais c'est d'accord! » En un rien de temps, il me livrait le dessin, ravissant, en quatre couleurs.

Je l'ai affiché dans l'entrée du temple avec cette légende: « *Voici* ce que nous allons construire! »

Ce dessin suscita quelques petits dons. Par ailleurs, j'avais alors publié mon premier livre et j'avais mis de côté mes droits d'auteur pour ce projet, ce qui élevait le total à 6 000$ accrus par un intérêt de 6%.

J'ai calculé que si nous ne devions recevoir aucune autre contribution, il faudrait un siècle à ces 6 000$ pour atteindre le million. J'ai annoncé à l'assemblée des fidèles: «Si vous croyez que la Tour de l'Espoir ne sera jamais construite, vous vous trompez! Elle va être construite. Nous avons déjà un million de dollars. Le seul problème, c'est que nous devrons attendre cent ans! » Ils ont ri. J'ai ri. L'important, c'était que ce projet soit pris au sérieux. Il fallait y donner une impulsion plus forte; c'était une idée qu'il me fallait pour le faire décoller.

J'ai alors repris une feuille de papier. Je me suis mis à jouer au jeu de la conscience du possible. J'ai inscrit en guise de titre: « 1 000 000$ ».

1. Obtenir 1 don de 1 000 00 $.
2. Obtenir 2 dons de 500 000 $.
3. Obtenir 4 dons de 250 000 $.
4. Obtenir 10 dons de 100 000 $.
5. Obtenir 20 dons de 50 000 $.
6. Obtenir 40 dons de 25 000 $.
7. Obtenir 50 dons de 20 000 $.
8. Obtenir 100 dons de 10 000 $.
9. Obtenir 200 dons de 5 000 $.
10. Obtenir 1 000 dons de 1 000 $.

J'ai regardé cette liste des dix façons possibles d'obtenir un million de dollars et, sans le savoir, j'avais déjà défoncé la porte de l'impossible. J'avais une liste de dix *possibilités* pour réaliser ce qui était *impossible* au moment même.

Je n'ai jamais cru que j'arriverais à obtenir un million de dollars d'une seule personne. Je n'ai donc jamais tenté la possibilité numéro un.

J'ai plutôt engagé les services d'un spécialiste des campagnes de financement pour m'aider à lancer une campagne. «Nous demanderons à une personne de donner 100 000 $ et nous obtiendrons les contributions variables, 50 000 $, 20 000 $ et 10 000 $», ai-je dit à ce monsieur.

«Connaissez-vous quelqu'un qui pourrait donner 100 000 $?», m'a-t-il demandé.

J'ai répondu: «Franchement, non.» Mais je me suis dit alors: *Tout de même, il existe probablement une famille qui pourrait donner 10 000 $ par an. En dix ans, ça ferait 100 000 $.* J'étais prêt à attendre dix ans. Du moment que j'ai adopté cette perspective de temps, mon problème est devenu possible!

Nous nous sommes mis en campagne. Nous avons appelé tous les membres. Une famille, les Vernon Dragt, s'est engagée à verser 100 000 $ en dix ans. En fait, ils ont réglé cette somme bien avant son temps!

Lorsque nous avons annoncé cette nouvelle, nous avons suscité une impulsion telle que les fidèles ont commencé à se dire que l'idée n'était pas simplement possible, mais que sa réalisation était hautement *probable*! C'est alors que j'ai appris que les gens veulent participer à une idée excitante, à une aventure, si celle-ci paraît possible.

La Tour de l'Espoir fut construite! Nous avons emprunté plus de 800 000$ avec l'intention de les rembourser avec les dons reçus sur dix ans. C'est en 1968 que la Tour fut ouverte. C'est un magnifique monument du paysage californien aujourd'hui.

Une impossibilité est devenue une possibilité du moment que j'ai commencé à jouer au jeu de la conscience du possible. Plus que tout autre exercice, il a stimulé une solution originale à un problème impossible.

J'y ai eu souvent recours, car chaque fois que je réglais un problème, je me retrouvais devant un autre. Vingt ans après avoir ouvert le temple que Dieu m'avait donné mission de bâtir, j'avais réglé une foule de problèmes. La Tour a été construite, l'émission de télévision a démarré et se finance d'elle-même.

Mais nous devions faire face à un nouveau problème. Notre sanctuaire était maintenant trop petit. Nous avions besoins de locaux plus vastes. Après ces six années passées à adorer en plein air dans un cinéma pour automobilistes, j'éprouvais un vif désir de faire bâtir une structrure qui m'offrirait une vue générale du ciel.

Ces six années avaient ravivé mon amour d'enfant élevé à la campagne pour le ciel et son effet sur la prière. Sans toutes ces années, je n'en serais *jamais* arrivé à ce désir profond d'une construction de verre. Les confidences que j'ai faites à l'architecte, Philip Johnson, étaient : « Je ne veux vraiment pas d'un bâtiment. Je veux prier dans un jardin. L'idée que se faisait Dieu d'un temple, cétait l'Eden, ce jardin. »

Lorsque Philip Johnson livra une maquette de plastique de 15 centimètres qui devait un jour s'appeler la Crystal Cathedral, j'ai eu un coup de cœur pour son idée. Mais j'ai frémi à la pensée de ce que cela allait coûter.

Après tout, je ne lui avais pas fixé de limites budgétaires. (J'avais décidé de mettre ce principe en pratique : « Personne n'a de problèmes d'argent, seulement des problèmes d'idées. ») Quand il m'avait demandé quelles limites je voulais fixer au budget, je lui avais répondu : « Monsieur Johnson, nous n'avons pas les moyens de nous permettre une construction d'un million de dollars, une construction de deux ou trois millions de dollars, une construction de quatre millions de dollars. Nous ne pouvons rien nous permettre ! Aussi, le coût ne fait absolument aucune différence !

« Le point important, c'est que cette construction soit assez originale, assez provocante pour attirer d'elle-même son financement. »

Libéré de toute contrainte budgétaire, Philip Johnson m'avait dévoilé son projet spectaculaire. Sur mon bureau était posée la maquette de ce qui devait être, à mon avis, une des grandes réussites architecturales de tous les siècles. « Qu'est-ce que ça va coûter ? » ai-je demandé à l'architecte.

« Je crois que vous pourrez la construire pour sept millions de dollars », m'a-t-il répondu. J'ai pris une bonne respiration. Je ne lui ai pas avoué ce que je pensais : *Sept millions* ! Tant d'argent ! Ça dépassait largement mes moyens. Cette pensée m'a abattu un instant. Nos revenus ne pouvaient pas couvrir une telle augmentation. Il nous faudrait obtenir des capitaux comptants.

Sept millions de dollars représentaient une somme qui dépassait mon imagination.

Lorsqu'un grand rêve introduit un désir ardent dans notre esprit et que la réalité cruelle nous dit que notre idée est irréalisable, alors nos émotions tombent de leur sommet à leur plus bas. L'enthousiasme fait place au découragement, à la dépression. Telle fut mon expérience, alors.

J'ai consulté mon livre, *Devenez la personne que vous rêvez d'être,* et j'ai relu le chapitre qui traite du jeu de la conscience du possible. J'ai pris, une nouvelle fois, une feuille de papier où j'ai inscrit en titre: « 7 000 000 $ ». J'ai inscrit verticalement les chiffres de 1 à 10. J'ai prié intensément. J'ai totalement confié ce rêve impossible à Dieu qui, je l'estimais, l'avait inspiré. J'ai ouvert mon esprit aux idées et n'ai pas tardé à découvrir dix façons possibles de réaliser ce que je tenais pour impossible.

1. Obtenir 1 don de 7 000 000 $.
2. Obtenir 7 dons de 1 000 000 $.
3. Obtenir 14 dons de 500 000 $.
4. Obtenir 28 dons de 250 000 $.
5. Obtenir 70 dons de 100 000 $.
6. Obtenir 100 dons de 70 000 $.
7. Obtenir 140 dons de 50 000 $.
8. Obtenir 280 dons de 25 000 $.
9. Vendre chaque panneau de verre, au nombre de 10 866, 500 $ l'unité, soit plus de 5 000 000 $.

Je me suis arrêté là. L'enthousiasme me gagnait déjà. J'estimais que l'entreprise était possible là où quelques minutes auparavant je ne voyais qu'une impossibilité absolue. J'avais enfoncé la porte la plus solide de toute mon existence!

Je n'ai jamais demandé à personne de donner sept millions de dollars. Pourquoi? Parce que je doutais pouvoir maintenir mon indépendance. Je craignais d'être dominé par toute personne qui contribuerait ainsi à la cathédrale! Je serais tenté de devenir esclave comme certains hommes politiques qui dépendent d'une seule source de financement.

Je suis passé à la deuxième possibilité, bien que je n'arrivais pas à imaginer que quiconque fasse un don d'un million de dollars. J'appartiens à une confession, l'Église réformée d'Amérique, qui est la plus ancienne du pays pour la religion protestante. Cinquante-quatre colons hollandais, tous membres de l'Église réformée des Pays-Bas, achetèrent l'île de Manhattan en 1628, y construisirent un moulin à vent et tinrent des offices religieux à son sommet. Cette église existe toujours aujourd'hui. C'est la célèbre Marble Collegiate Church de New York. En trois siècles d'existence, notre Église n'a jamais reçu un seul don d'un million de dollars d'un donateur en vie.

Je me suis remis à prier; je me suis souvenu qu'un homme avait donné un million de dollars pour la construction d'un YMCA en Californie du Sud, il y avait de cela bien des années. J'ai pris contact. Il a accepté de me recevoir. Je lui ai montré les bleus et la maquette de la cathédrale de cristal. Ça l'a fasciné. Je lui ai dit: «Elle ne sera pas construite tant que les gens ne la prendront pas au sérieux, n'y croiront pas. Ils n'y croiront pas tant que nous n'aurons pas reçu une contribution importante. Seriez-vous prêt, accepteriez-vous de faire un don exemplaire d'un million de dollars?» Je n'oublierai jamais l'expression que prit alors son regard: j'y vis de la tristesse.

Je n'étais pas autrement surpris. C'était un coup de poker de ma part. Après tout, nous ne nous connaissions même pas.

«Puis-je faire une prière avant de vous quitter?» lui ai-je demandé.

«Certainement», m'a-t-il répondu.

Et je me suis mis spontanément à faire cette prière: «Seigneur, était-ce votre idée ou la mienne, la construction de la cathédrale de cristal?», et j'ai attendu un instant. Je voulais entendre sa réponse au plus profond de mon cœur. J'ai alors posé une deuxième question: «Seigneur, était-ce votre idée ou la mienne de demander à cette personne de faire un don d'un million de dollars?» Et j'ai attendu longuement une réponse. Puis j'ai continué: «Seigneur, je suis si heureux qu'il ait dit qu'il voudrait bien, qu'il serait prêt à le faire. Mais il a dit aussi qu'il ne pouvait pas. Vous est-il possible, Seigneur, de lui offrir le moyen de faire ce qu'il voudrait faire?» J'ai attendu. Longtemps. En silence. Puis j'ai terminé ma prière par: «Merci, Seigneur, de m'avoir écouté. Amen.»

Le lendemain matin, à 11 h 07, le téléphone sonna dans mon bureau. C'était le donateur. «Monsieur Schuller, il faut construire. Vous avez raison. Elle n'existera pas tant que les gens n'y croiront pas. Les gens n'y croiront pas tant qu'un don très important n'aura pas été fait. Je ne sais pas comment, je ne sais pas quand, mais je vais faire le premier don d'un million de dollars.» J'ai crié de joie.

Ce fut là peut-être le moment le plus sublime de ma vie. Soixante jours plus tard, il nous remettait cinquante cinq mille actions de sa compagnie d'une valeur nominale de 18$ l'action. Une fois vendues, notre compte d'épargne spécial s'est enrichi de 987 000$. Nous étions sur la bonne voie!

Je suis alors passé sans attendre à l'autre possibilité de ma liste de dix possibilités. Nous avons annoncé la vente des panneaux de verre à 500$ le panneau. En six mois, nous en avions vendu 10 000, la plupart achetés à 25$ par mois sur vingt mois.

L'entreprise était passée de l'impossible au possible grâce tout simplement au jeu de la conscience du possible!

Je ne voudrais pas vous laisser sur l'impression que cela a été si facile. Lorsque nous nous sommes aperçu que nous obtiendrions les capitaux requis grâce à cette stragégie, nous avons pris la décision consciente d'augmenter le coût de la construction de sept à dix millions de dollars en construisant en profondeur sous la cathédrale. Ces nouveaux locaux offriraient des bureaux à nos musiciens et à notre service de production pour la télévision.

J'ai consulté à nouveau cette liste des dix façons d'obtenir les capitaux. J'ai décidé de tenter la possibilité numéro deux encore une fois. J'ai contacté un donateur potentiel de Chicago qui m'a fait la promesse suivante: « Je vous donnerai le dixième million lorsque vous aurez atteint les neuf millions. » Le succès semblait facile et certain. Mais c'est alors que nous fûmes frappés de plein fouet par l'inflation, qui a poussé les dix millions prévus à quatorze millions de dollars et plus! Et cela ne comprenait pas les honoraires de l'architecte et des ingénieurs qui s'élèveraient à 8 % du coût de la construction, soit un million de plus. Plus encore, il fallait compter l'ameublement et l'équipement électronique spécial, encore deux millions!

Ce que nous croyions être un projet de dix millions de dollars se rapprochait maintenant des dix-sept millions! Pour être vraiment sincère avec vous, ce furent là les moments les plus sombres de ma vie. Quatre mois s'étaient écoulés depuis que nous avions reçu notre premier million. Et nous avions déjà dépensé près de deux millions en honoraires, frais d'ingénierie et autres frais de départ.

J'ai appelé les membres les plus influents et leur ai proposé de saborder le projet. «Impossible, m'a-t-on répondu, il y va de votre intégrité. Les gens veulent leur nom sur les panneaux. Nous le leur avons promis. Il faut continuer. Voyez plus grand! Ne considérez rien de moins que la réalisation de ce rêve inspiré par Dieu.»

J'ai suivi ces conseils. Nous avons fait creuser les fondations. Nous avons commencé la construction. La banque a offert un prêt de trois millions et demi de dollars. Ce n'était certes pas suffisant, mais cela a ajouté à ce que nous recevions déjà; c'était un coup de pouce.

Nous avons lancé une autre campagne de financement pour tenter d'obtenir un autre million de dollars en un seul dimanche. Quelques années auparavant, j'avais employé un héritage de 10 000$ pour acheter un appartement sur le bord de mer pour 38 000$. J'avais découvert que sa valeur atteignait maintenant 175 000$. Ce fut ma contribution à ce dimanche. Les choses étaient bien lancées et cette campagne du dimanche fut un succès!

Ne tuez pas votre rêve,

exécutez-le !

Deux mois plus tard, une offre non sollicitée venant d'un parfait étranger me parvenait de Chicago sous la forme d'une lettre qui disait en essence : « J'ai vu des photos de votre projet. J'estime que c'est fascinant. Quelle est votre situation financière présente ? Est-ce qu'un autre million de dollars d'un vieux monsieur de Chicago vous serait utile ? » J'ai pris l'avion pour Chicago et l'ai rencontré avec sa femme.

« Quand avez-vous besoin de cet argent ? » m'a-t-il demandé. « À vrai dire, ai-je répondu, nous construisons au fur et à mesure que les capitaux arrivent. Nous allons bientôt épuiser nos réserves et Clair Peck, notre entrepreneur, nous a dit qu'il allait interrompre la construction si nous ne déposons par un million de dollars dans les trente jours. »

Ce monsieur a regardé sa femme et a dit : « Eh bien, Mary, je crois que nous pouvons donner à monsieur Shuller un million de dollars dans le mois, n'est-ce pas ? »

Trente jours plus tard, nous recevions un chèque de caisse de ce montant !

Deux mois plus tard, il m'a invité à Chicago pour célébrer son anniversaire dans l'intimité dans un club de North Shore. Au moment où je prenais congé, il m'a tendu une enveloppe en disant : « Monsieur Schuller, je veux me faire plaisir aujourd'hui, être égoïste. Voici une lettre que j'ai écrite de manière très égoïste pour me donner beaucoup de joie. Lisez-la dans votre voiture et vous comprendrez. »

Je suis monté dans la voiture et j'ai ouvert l'enveloppe. Il y avait un petit mot qui disait : « Je trouve le plus de joie à faire des dons aux gens et aux entreprises que j'aime.» L'accompagnant se trouvait un autre chèque d'un million de dollars pour la cathédrale de cristal, notre quatrième don d'un million de dollars!

La construction s'est poursuivie à un bon rythme. En septembre 1980, la construction était terminée. Le coût final fut de près de vingt millions de dollars. La seule hypothèque s'élevait à trois millions et demi de dollars sur dix ans à un taux de $9\frac{1}{2}$ % gagés sur des dons à venir dans les vingt-quatre mois suivants. On peut donc dire que le bâtiment fut inauguré «libre de toute dette».

Si toute l'entreprise fut couronnée de succès, c'est que je savais compter jusqu'à dix!

Tout le monde peut compter jusqu'à dix... et tout le monde peut réussir. C'est vrai. Comptez jusqu'à dix et gagnez. Ce simple jeu de la conscience du possible peut aider toute personne devant quelque problème que ce soit. Je l'ai même partagé avec les leaders de la ville de Flint, au Michigan.

À l'époque où je dirigeais un séminaire à l'intention des chômeurs dans cette localité, j'ai dû participer à un banquet qui réunissait les 500 personnes les plus importantes de la ville. Je savais qu'il y avait 25 000 chômeurs. J'ai donc dit que la ville devait créer 25 000 emplois. «Et si vous pensez que c'est impossible, ai-je dit, les mettant au défi, comptez jusqu'à dix et dites-vous que nous pouvons gagner.» Sur la partie supérieure du tableau, j'ai écrit «25 000 emplois». Et en-dessous, j'ai dressé la liste des dix possibilités de création de 25 000 emplois nouveaux.

1. Obtenir que 1 compagnie s'installe à Flint et crée 25 000 emplois.

2. Obtenir que 2 compagnies s'installent et créent 12 500 emplois chacune.
3. Obtenir que 5 compagnies engagent 5 000 personnes chacune.
4. Obtenir que 10 compagnies engagent 2 500 personnes chacune.
5. Obtenir que 50 compagnies fournissent chacune 500 emplois.
6. Obtenir que 100 compagnies fournissent chacune 250 emplois.
7. Obtenir que 200 compagnies fournissent chacune 125 emplois.
8. Obtenir que 250 compagnies fournissent chacune 100 emplois.
9. Obtenir que 500 compagnies fournissent chacune 50 emplois.
10. Obtenir que 1 000 compagnies fournissent chacune 25 emplois.

Nous avions des pensées constructives. Nous disposions de nombreuses possibilités qui n'existaient pas quelques instants auparavant.

Je les ai mis au défi. «Comment réussirez-vous à trouver ces compagnies?» Et j'ai répondu à ma question: «Essayez d'utiliser la technique de 1 à 10 avec chacune de ces possibilités. Faites tout d'abord la liste des dix compagnies *dans le monde entier* qui pourrait être persuadées de venir s'installer ici, à Flint, au Michigan, et de créer 25 000 emplois.» Voyant une lueur d'espoir dans leurs yeux, j'ai poursuivi: «Mais j'espère que vous ne réussirez pas! Pourquoi? Parce que toute ville dont 25 000 emplois dépendent d'une seule entreprise est trop vulnérable! Une solution bien préférable serait de trouver plusieurs compagnies.

«Approchez les compagnies déjà présentes et encouragez-les à développer leurs marchés, à augmenter l'efficacité de leur force de vente au point où il leur faudra embaucher plus de gens. Considérez toutes les organisations susceptibles de créer de nouveaux emplois. Le gouvernement fédéral. Peut-être pourriez-vous lui donner une raison de créer des emplois ici. Les États et les comtés. Les entreprises étrangères. Les compagnies en Allemagne, au Japon, en Corée qui pourraient être encouragées à venir s'installer ici, à Flint!»

Je voudrais pouvoir rapporter que, au moment où j'écris, la technique du «comptez de 1 à 10 et gagnez» a produit 25 000 emplois à Flint. Mais je ne le peux pas. Ce que je peux dire, c'est que des centaines d'emplois ont été créés. S'y être mis, c'est avoir déjà fait la moitié du chemin!

Je suis absolument certain que si un comité était créé pour exploiter toutes ces possibilités, la ville pourrait créer 25 000 emplois nouveaux! Ça pourrait prendre cinq ans. Dix ans. Deux ou trois ans. Mais c'est possible!

Mais, vous allez dire, votre problème n'est pas financier? Peut-être l'est-il, peut-être ne l'est-il pas!

Permettez-moi de poser cette question: «Si je vous donnais un million de dollars comptant, pensez-vous que vous pourriez résoudre vos problèmes actuels?»

Pensez-y pendant un jour ou deux. Pendant une semaine. Et si votre réponse devait être oui, alors cherchez ce million de dollars!

Comptez jusqu'à dix et remportez la palme. Pourquoi est-ce efficace? Quelle est cette dynamique qui réussit si bien? J'ai écrit dans *Devenez la personne que vous rêvez d'être:* «Considérez l'état d'esprit créé par cette attitude de jeu.» Lorsque vous adoptez une attitude qui n'est qu'un jeu, vous vous sentez libre émotionnellement. Quelles sont les caractéristiques d'une personne qui joue à un jeu? Les voici:

1. Elle court des risques. La peur de l'échec est absente. «Si je perds, ce n'est qu'un jeu.» On ose penser des idées téméraires, ou presque. C'est un domaine où des progrès ont toujours lieu.

2. Elle bat des records. Cette attitude de l'esprit vous incite à voir plus grand, à pousser plus loin, à essayer plus fort que vous ne l'avez jamais fait. Vous vous mettez dans une disposition d'esprit où vous pouvez penser plus fort que vous ne l'aviez jamais fait auparavant. Une solution inventive à tout problème est presque toujours aussi simple que ça. Dépensez plus d'argent. Engagez davantage de gens. Créez une nouvelle organisation. Voyagez plus loin. Téléphonez à un expert en Europe, etc.

3. Elle est libre de tout engagement. Comme ce n'est qu'un jeu, vous pouvez vous retirer en tout temps sans perdre la face. Vous êtes libéré des tensions subconscientes créées par la crainte des obligations et des responsabilités. Comme ce n'est qu'un jeu, vous pouvez être détendu en toute liberté.

Lorsque vous adoptez de telles attitudes de jeu, vous créez un climat psychologique favorable à la créativité. C'est le secret du jeu de la conscience du possible: Comptez jusqu'à dix et gagnez.

Le mot *possibilité* est une autre clé du succès de cette formule. Ce mot même de *possibilité* crée un climat psychologique favorable à la créativité. La simple suggestion que quelque chose peut être possible libère la matière grise créative de la prison invisible des mécanismes de défense subconscients.

Pour comprendre le pouvoir cybernétique de ce mot, considérez son antonyme, ce sale mot de treize lettres : *impossibilité.* Lorsqu'il est prononcé à voix haute, ce mot a des effets dévastateurs. La réflexion s'arrête. Le progrès est paralysé. Les portes claquent. La recherche tombe brutalement au point mort. L'expérimentation est torpillée. Les rêves sont abandonnés. Les cellules les plus brillantes de notre cerveau se refroidissent, se durcissent, s'assombrissent, s'éteignent dans le puits obscur de notre esprit. Le cerveau, sur la défensive, se défend ainsi contre les atteintes douloureuses des déceptions, des rejets brutaux, des espoirs brisés.

Qu'une personne, au contraire, prononce ces mots magiques : *C'est possible...* Ces mots stimulants, cet appel irrésistible résonnant comme une trompette, pénètrent dans les voies subconscientes de votre esprit, battant le appel de ces fières puissances pour qu'elles produisent de nouvelles idées ! Les rêves enfouis renaissent. Les étincelles d'un nouvel enthousiasme pétillent, s'enflamment en un nouveau feu. Le mouvement arrêté repart. Les vieux dossiers sont rouverts. Les lumières se rallument dans les laboratoires assombris. Les téléphones se remettent à sonner. Les machines à écrire crépitent. Les budgets sont revus et adoptés. On accroche des pannonceaux offrant des emplois. Les usines sont rééquipées et rouvertes. De nouveaux produits sont offerts. La récession prend fin. Une nouvelle ère d'aventure, d'expérimentations, d'expansion et de prospérité voit le jour.

Maintenant, vous pouvez aussi jouer au jeu de la conscience du possible. Voici comment:

Règle numéro un: Commencez par croire que vous possédez des dons latents de créativité. Vous allez respecter vos pensées, leur faire confiance et les admirer. *Toute* personne peut être créative.

Règle numéro deux: Ne faites pas cavalier seul. Jouez avec des gens qui règlent les problèmes. Jouez-y avec des adeptes du possible. Jouez avec des gens qui ont réalisé des choses, qui ont réussi. Vous *pouvez* évidemment jouer seul. Mais beaucoup d'idées peuvent venir des autres.

Tout ce qu'il faut pour résoudre un problème impossible, c'est une idée! Ce peut être une de ces idées que vous allez écrire sur un morceau de papier. Ou ce pourrait être une combinaison de plusieurs d'entre elles.

Et retenez bien ceci: C'est le premier pas qui compte.

8

Cette foi qui peut soulever votre montagne

Alors, vous avez essayé de croire et vous êtes pourtant encore au chômage? Vous estimez avoir appliqué votre foi à votre problème, et pourtant votre problème est toujours là? Vous avez mobilisé toutes les ressources de votre foi et pourtant les difficultés sont toujours aussi nombreuses?

On m'a dit une fois: «Est-ce que Jésus avait tort? S'est-il trompé lorsqu'Il a dit: *Si vous avez de la foi comme un grain de sénevé, vous direz à cette montagne: Déplace-toi d'ici à là, et elle se déplacera, et rien ne vous sera impossible?*» (Mt 17;20) Ma réponse peut vous donner la force d'âme de traverser les épreuves jusqu'à ce que la lumière se fasse.

La foi est bel et bien la puissance la plus miraculeuse qui soit imaginable. On peut toujours compter sur la foi; elle ne nous lâche que lorsque nous y renonçons. Cependant, si nous négligeons une seule des cinq phases de la foi, les résultats finaux seront décevants.

La foi ressemble à une semence. Si une semence n'est pas plantée, elle ne peut porter de fruits. Mais la planter représente seulement la première phase. Si on ne l'arrose pas, elle ne va pas éclore. Son éclosion représente la deuxième phase. Une fois la semence plantée et arrosée, elle va se mettre à croître. Mais si on ne l'alimente pas, elle ne va pas s'épanouir, atteindre sa pleine maturité. C'est là la troisième phase.

Lorsque les bourgeons commencent à se former, si des conditions climatiques convenables n'existent pas, la plante ne produira pas de fruits. L'épi du maïs ne se formera pas. Porter des fruits représente la quatrième phase du cycle. C'est seulement si chaque phase est respectée qu'une semence peut parvenir à maturité. Enfin, lorsque les fruits sont mûrs, il faut moissonner au bon moment, sinon les fruits trop mûrs tomberont au sol sous l'effet des vents et des pluies et ils y pourriront. De même qu'il existe cinq phases jusqu'à la maturation du fruit et sa récolte, le cycle complet de la foi qui déplace les montagnes en comporte cinq.

1. La phase du couvage

La première phase de la foi est celle du couvage. C'est le moment où une idée est déposée dans l'esprit, tout comme l'œuf est déposé dans le nid. Certaines personnes ne connaissent que cette première phase de la foi. Pour trop de gens, la foi ne dépasse jamais cette phase. L'œuf, faute d'être couvé, pourrit dans le nid. L'idée traverse un esprit sans être prise au sérieux.

Je crois qu'il n'est rien qui détruit plus sûrement la puissance miraculeuse de la foi que le manque de confiance en soi. C'est en effet à sa naissance que la foi est le plus fragile.

L'idée de changer de carrière au milieu de sa vie apparaît sans doute à votre imagination comme impossible. Cette insécurité, ce manque de confiance tient en partie à ce que nous sommes portés à adopter une image de soi négative, inspirée par notre infériorité sur l'échelle de la vie. Les gens pensent que s'ils étaient vraiment brillants, ils seraient présidents de quelque compagnie. Si on vous nommait aujourd'hui président d'une grosse compagnie, comment cela affecterait-il votre confiance en vous-même?

Lorsque le secrétaire du Travail du président Woodrow Wilson mourut, l'une des femmes de chambre de la Maison-Blanche lui fit une requête qui le désarçonna: «Monsieur le président, mon mari a un petit magasin sur l'avenue Pennsylvania et il travaille vraiment fort. Je me demandais... est-ce que vous ne pourriez pas le nommer secrétaire du Travail?»

Surpris par une requête aussi inattendue et déraisonnable, le président répondit: «Vous savez, Mary, c'est un poste très délicat. Il nous faut un homme d'envergure.»

«Eh bien, si vous placez mon mari à ce poste, il deviendra un homme d'envergure», lui répondit-elle.

La foi commence lorsque vous commencez à croire aux idées que Dieu vous communique. Votre grandeur ne dépend pas de votre position dans l'existence, mais du respect que vous portez aux idées positives qui sont déposées dans votre imagination! Le président d'une compagnie réputée a décidé de tester la créativité de gens ordinaires; il a choisi au hasard dix personnes peu instruites situées à l'échelon le plus bas du personnel de l'une de ses usines. Il les a emmenées au siège de la compagnie, les a invitées à s'asseoir dans les profonds fauteuils de cuir qui entouraient une table de conférence et leur a expliqué pourquoi elles avaient été choisies. « J'ai eu connaissance que vous étiez tous doués d'une exceptionnelle créativité. C'est la raison pour laquelle je vous ai fait venir. Notre compagnie fait face à un problème et je crois que vous pouvez y trouver une solution. » Il leur a alors expliqué la nature du problème et a quitté la salle pour quelques heures.

Lorsqu'il est revenu, il a découvert que les dix employés avaient tenu une séance de remue-méninges très efficace... ils avaient trouvé une idée! Ils avaient trouvé la réponse au problème, réponse négligée par les cadres supérieurs du service des recherches. Il était manifeste que ces derniers souffraient d'un blocage dans leur réflexion.

À la vérité, les gens les plus ordinaires sont potentiellement aussi créatifs que les cadres supérieurs installés dans leurs vastes bureaux. Le problème, c'est que la personne qui se trouve tout au bas de l'échelle ne fait pas confiance à son propre génie et ne croit pas, par conséquent, à ses propres idées.

Le président avait sollicité la fierté de ces employés, avait stimulé le sens de leur dignité personnelle. Il s'en explique lui-même: «Toute personne est créative, mais une foule de gens ne croient pas en leur propre créativité. Lorsque je leur ai affirmé qu'ils étaient intelligents, ils m'ont cru. *Ils ont trouvé une solution parce qu'ils ne possédaient pas assez d'information pour savoir que c'était impossible.* Les autres n'avaient jamais pris au sérieux le point de vue qu'ils avaient adopté parce que, dans leur esprit, c'était techniquement impossible. Mais nous avons fait de leur idée notre objectif et nous sommes devenus capables de résoudre ce que nous avions tenu pour être un problème impossible! »

Tout être humain possède un potentiel créateur virtuellement égal. Pourquoi les gens ordinaires ne sont-ils pas plus créatifs? Aussi complexe que soit la réponse, une raison simple domine. Essentiellement, c'est que les gens ne croient pas qu'ils sont créatifs. Comme personne ne leur a jamais dit qu'ils sont créatifs, ils n'ont jamais essayé de l'être.

Nous avons tendance à ne pas agir sur les idées incroyables qui traversent notre esprit. Des années plus tard, lorsque nous apprenons que quelqu'un a brillamment réalisé une idée, nous nous lamentons: *J'y avais pensé. Pourquoi n'ai-je rien fait?*

En ma qualité de pasteur, d'écrivain et de conférencier à la télévision, je sais que je dois sans cesse communiquer cette assurance au public: «Vous êtes tous brillants! » Et, bien sûr, c'est vrai. Nous disposons tous d'un incroyable potentiel créatif parce que toutes les idées créatives nous viennent de Dieu, que nous pouvons tous nous alimenter à sa sagesse.

Les gens ordinaires sont brillants, si seulement ils veulent bien croire en leurs propres idées. La majorité des êtres humains ont les mêmes capacités psychiques. La différence essentielle tient à l'attitude qu'ils adoptent face à leurs idées !

Lors d'un congrès international en psychologie tenu à Paris, le docteur H.E. Gruber de l'Université Rutgers a déclaré que les chercheurs en étaient arrivés à la certitude que «les enfants prodiges ne l'étaient pas de naissance, mais qu'ils le devenaient». Si un enfant prodige n'est pas le fruit d'un accident biologique, mais le produit des stimulations du milieu, tout être humain est donc un génie en puissance. Ça signifie que nous devons nous mettre à faire confiance à nos meilleures idées. *Croyez donc en votre propre génie!*

La foi mourra à la phase de la couvaison à moins que vous ne croyiez aux idées positives que votre esprit reçoit.

Un homme de l'Orient voyagea de par l'univers à la recherche du gourou le plus sage. On lui parla d'un tel homme qui vivait dans une grotte loin dans les Himalayas. Il chargea donc son cheval de provisions, traversa montagnes et déserts et, au bout de plusieurs mois, arriva au pied d'une haute montagne. Là, il lança sa monture sur un chemin étroit à flanc de crevasses et parvint enfin à une grotte.

«Êtes-vous le gourou dont la sagesse a fait le tour du monde?» demanda-t-il au vieillard assis dans la grotte.

Le vieillard se leva, avança vers la lumière du jour, considéra le visage du voyageur et répondit: «Oui, ma sagesse est célèbre. Quelle est ta question?»

«Gourou, comment pourrais-je devenir génial? Où trouver la sagesse?»

Le vieux sage fixa un instant les yeux interrogateurs du voyageur fourbu et lui demanda: «Où se trouve votre cheval?» Sur ces mots, il lui tourna le dos et rentra dans la grotte.

La réponse était évidente. Son cheval ne l'avait jamais quitté; le génie, la sagesse l'avaient toujours accompagné.

Jésus a dit : « Le Royaume de Dieu est au milieu de vous. » (Lc 17 ; 21) Dieu dépose chaque jour des idées dans votre esprit comme des œufs dans un nid. La première étape de la foi est de croire en vous-même.

Les idées positives qui traversent votre esprit viennent de Dieu. Ne rejetez pas ces idées à cause de la conscience que vous avez de vos imperfections. Le perfectionnisme empêche bien des gens d'adhérer à une foi dont les qualités puissent mûrir en une force capable de déplacer les montagnes.

Un conte traditionnel célèbre illustre la futilité du perfectionnisme : un homme avait trouvé une perle merveilleuse qui n'avait qu'un seul tout petit défaut. Il s'était dit que s'il pouvait enlever cette minuscule imperfection, sa perle deviendrait la plus précieuse de l'univers entier. Il avait donc gratté sa première couche. Mais le défaut était toujours là. Il enleva la deuxième couche, se disant que cette imperfection disparaîtrait sûrement, mais elle restait. Couche après couche... et enfin le défaut disparut... et la perle avec lui !

Aucune idée n'est, bien sûr, parfaite. Toute idée recèle ses propres problèmes. Mais la confiance dans le potentiel positif d'une idée mérite votre adhésion.

Le moi que je vois est le moi que je serai. Pour être certain d'acquérir une foi qui déplace les montagnes, vous devez bâtir de vous-même une image positive. Si vous voyez en vous une personne qui va s'instruire, devenir plus savante, c'est exactement cela que vous allez devenir.

L'image mentale que vous vous faites de vous-même déclenche des pouvoirs de réalisation. Entretenez une image mentale et, hors de tout doute possible, elle va invariablement se transformer en réalité physique. Cultivez une image négative et des résultats négatifs vont se produire. Des résultats positifs sont l'effet d'une image mentale positive. Telle est la loi de fer de la foi établie par Dieu dans l'univers. Faites-vous, dès maintenant, une image positive de vous-même, croyez dans vos idées et votre foi survivra à la phase numéro un.

2. La phase de la mise à l'épreuve

La deuxième phase de la foi est celle de la mise à l'épreuve. Personne ne suit à l'aveuglette toutes les idées qui lui traversent l'esprit. Les idées doivent être testées ; il faut les interroger à l'aide de notre échelle des valeurs. *La prise de décision est facile si notre échelle de valeurs n'est pas contredite par l'idée en question.*

Il est facile de prendre des décisions importantes en un clin d'œil si nous savons quelles questions poser pour obtenir un premier échantillon de réponses solides. Une idée positive réclame ce genre de questions : Est-ce vraiment nécessaire ? Est-ce que ça répond vraiment à un besoin humain ? Est-ce que ça peut être une source d'inspiration pour les autres ?

La cathédrale de cristal qui s'élève sur notre campus a été qualifiée de monument de la conscience du possible. Ce pourrait bien être vrai. Je me rappelle de manière aiguë le jour où on nous a fait les soumissions lorsque nous prévoyions construire un temple de dix millions de dollars. Nous nous étions retrouvés avec des soumissions qui atteignaient les quinze millions de dollars ! J'ai été tenté de renoncer.

Je dois avouer que j'ai écrit une déclaration pour la presse où j'annonçais que nous remettions le projet dans les tiroirs. Mais avant de pouvoir rendre cette décision publique, j'ai reçu deux lettres, l'une d'Australie et l'autre du Michigan.

La lettre du Michigan provenait d'une religieuse catholique :

Monsieur Schuller, un grand merci pour votre projet de construire la cathédrale de cristal. J'appartiens au conseil d'administration d'un hôpital. Nous avons dernièrement discuté de la création d'une nouvelle aile pour l'hôpital, mais le conseil a voté contre, parce que ça reviendrait à six millions de dollars. J'ai posé cette question aux membres : « Savez-vous ce que monsieur Schuller a l'intention de construire en Californie ? » Il y a eu un silence. « Il va lancer une campagne de financement de plusieurs millions de dollars pour bâtir une cathédrale de cristal. S'il peut trouver cet argent pour une cathédrale, pourquoi ne trouverions-nous pas six millions pour ajouter une aile à un hôpital ? »

Monsieur Schuller, cela les a décidés à revenir sur leur décision. Ils ont résolu de bâtir cette aile, de trouver une solution au problème, de trouver le moyen d'obtenir l'argent. La phrase qui a fait le tour de la pièce et a emporté la décision a été : « Si Schuller en est capable, alors nous aussi. »

J'ai reçu ce même jour cette lettre d'un pasteur australien :

Monsieur Schuller, un grand merci pour votre projet de construire la cathédrale de cristal. J'ai participé à une réunion du conseil des églises d'Australie où nous avons étudié la possibilité de construire un ranch pour les jeunes, pour leurs loisirs et leur vie religieuse. Mais son coût devait atteindre près de deux millions de dollars. Personne ne croyait que c'était possible. Je leur ai posé cette question: «Avez-vous regardé l'émission de Schuller?» Personne n'a levé la main. Je leur ai dit que je vous avais écouté et que vous aviez l'intention de construire une cathédrale de cristal. «S'il peut trouver des millions pour bâtir une cathédrale, ne croyez-vous pas que nous, unis dans notre travail, dans nos projets, dans nos prières et dans notre foi, ne pouvons pas trouver le moyen d'obtenir deux millions pour un centre de jeunes?» Monsieur Schuller, çela a réussi! Je vous écris pour vous dire que la décision non seulement a été adoptée, mais que nous avons déjà reçu plus d'un million! Nous allons réussir et c'est à vous que nous le devons.

Comment met-on à l'épreuve les idées qui nous viennent à l'esprit? J'éprouve les miennes à l'aide de ce principe universel: *Est-ce que ma foi, mise en action et fermement épousée, va faire de ma vie et de mon activité une source qui inspire quelqu'un d'autre à devenir meilleur et à réaliser davantage dans sa propre vie?* Chacun est une source d'inspiration pour les autres. Toute personne qui a assisté aux jeux olympiques spéciaux, qui a vu des enfants handicapés sauter les haies, courir sur les pistes, comprendra ce que je veux dire. Les épreuves deviennent soudain des moments de joie, lorsque nos réactions positives deviennent une source d'inspiration pour les autres.

Tout le monde peut devenir une source d'inspiration pour son prochain. Patty Wilson, membre de notre temple, avait treize ans lorsqu'on a découvert qu'elle était épileptique. Son papa a fait tout ce qui était en son pouvoir pour la convaincre de ne pas adopter, à cause de sa maladie, une image personnelle négative. Il savait qu'elle se heurterait à des préjugés, qu'on lui refuserait des emplois à cause de son épilepsie. Il savait que, sans une image intérieure positive, elle n'arriverait jamais à grand-chose. Il lui fallait lui communiquer qu'elle pouvait, elle aussi, réagir positivement à son problème et que sa vie deviendrait une source d'inspiration pour les autres.

Un jour, comme le père de Patty se rendait en voiture au travail, il aperçut un homme qui courait sur le trottoir. Il portait des vêtements sportifs, mais ses chaussures avaient l'air étrange. Elles avaient la forme de sabots de cheval. Monsieur Wilson s'arrêta pile et se mit en marche arrière. Il apprit que Peter Strudwick était né sans pieds. Ses chaussures orthopédiques, à l'allure de sabots, lui permettaient de courir. Cette aventure a donné au père de Patty l'idée de courir lui aussi : « S'il est capable de courir, alors moi aussi. »

C'est à ce moment-là qu'il a décidé de faire comprendre à Patty qu'elle pouvait, elle aussi, connaître une grande réussite. Ce n'était pas parce qu'elle était épileptique qu'elle devait se laisser handicaper. Il allait faire en sorte qu'elle croie en elle-même. Voyant son père courir tous les matins, Patty s'est intéressée à cette activité et s'est bientôt mise à courir avec lui. Jour après jour, semaine après semaine, mois après mois, ce duo a couru à travers le quartier.

Puis une idée, de la phase de couvaison, est entrée dans l'esprit de Patty: «Comment pourrais-je encourager les gens à traiter les épileptiques comme des gens normaux?» Cette idée a donné naissance à une deuxième idée. Elle a découvert quel était le record de distance en course à pied pour les femmes et s'est fixé pour objectif de le briser. Elle a décidé de courir d'Orange County à San Francisco, une distance de 650 kilomètres, à la fin de sa première année à l'école secondaire. C'est devenu son premier objectif; elle l'a mis à l'épreuve de ce principe simple: «Est-ce que ça peut inspirer beaucoup d'autres personnes qui s'estiment handicapées à se fixer des objectifs stimulants pour elles-mêmes?» Elle en est venue à la conclusion que, avec une foi suffisante, elle pourrait atteindre son objectif tout en inspirant beaucoup de gens. Lorsque sa foi est passée de la phase de la couvaison à celle de la mise à l'épreuve, elle a décidé qu'elle allait en payer le prix et réussir. Sa foi est alors entrée dans la troisième phase.

3. La phase de l'engagement

La troisième phase de la foi est celle de l'engagement, le point où vous vous engagez publiquement. Vous engagez votre temps, votre argent votre énergie et, ce qui est peut-être le plus précieux, votre fierté et votre prestige dans votre projet exposé au public. Arrivés à ce point, bien des gens voient leur foi vaciller. Si, par un acte de volonté et de prière, vous décidez que vous allez vous engager publiquement, il y a toute les chances que vous puissiez réussir.

Malheureusement, bien des gens laissent leur foi s'éteindre en échouant à investir le capital de risque.

Patty a investi une année complète d'entraînement rigoureux. Elle a dit : « À la fin de ma première année de secondaire, je courrai d'Orange County à Portland, en Oregon (une distance de 1 600 kilomètres). » Mais elle ne s'est pas arrêtée là : « À la fin de ma deuxième année, j'irai d'Orange County à Saint-Louis, au Missouri (3 200 kilomètres). Et, à la fin de ma dernière année, je fêterai mon diplôme en traversant les États-Unis jusqu'à Washington. Je veux serrer la main du président des États-Unis. »

Patty s'était fixé l'objectif impossible de courir jusqu'à San Francisco, à 650 kilomètres de là. Elle y a réussi. Bien sûr, elle avait passé près d'une heure par jour à s'entraîner, à courir tous les matins, à se mettre dans la meilleure forme physique possible. Et, à la fin de sa deuxième année, elle s'est fixé un objectif encore plus difficile.

Ce fut, dès ce moment, une source d'inspiration pour des milliers de gens. Un livre, *Run, Patty, Run,* fut publié. À la fin de sa première année, elle était prête à essayer Portland, en Oregon.

Le jour du départ, les camarades d'école de Patty avaient mis en travers de la rue une grande bande de papier.

Sur celui-ci, inscrit en lettres rouges : « Cours, Patty, cours ! » Il y a eu une cérémonie toute simple : l'orchestre de l'école a joué, la foule est devenue silencieuse lorsque j'ai fait une prière pour son succès et j'ai pris une médaille que je portais pour la mettre à son cou. À l'endos de cette médaille était inscrit l'acte de foi des adeptes

Il n'y aura jamais plus un autre aujourd'hui, je vais en faire un jour unique.

Il n'y aura jamais plus un autre moi, je vais en faire un être unique.

du possible : « Face à la montagne, je ne renoncerai pas. Je ne ménagerai pas mes efforts tant que je ne l'aurai pas gravie, que je n'aurai passer à travers en y creusant un tunnel, ou bien restant sur place tant que je n'aurai pas transformé la montagne en mine d'or, avec l'aide de Dieu. »

Alors, Patty s'est mise à courir, déchirant la bannière, le long de la route, les premiers pas, le premier pâté de maisons, le premier kilomètre. Derrière elle, à distance respectable, sa mère, infirmière diplômée, conduisait une camionnette, un nécessaire d'urgence à ses côtés au cas où Patty aurait une crise. À l'arrière du véhicule, ces mots étaient inscrits : « Patty Wilson. Détentrice du record féminin de la distance en course à pied. De la Californie à l'Oregon. » Nous l'avons suivie chaque jour avec nos prières. Tout alla bien pendant 45 kilomètres, mais elle se fractura un os du pied. Elle était prête pour la quatrième phase de la foi qui déplace les montagnes : la phase des obstacles.

Avant de considérer la phase des obstacles, permettez-moi de vous poser cette question : si votre problème ne disparaît pas, avez-vous fait vraiment tout votre possible ?

Si vous êtes encore au chômage, avez-vous vraiment fait tous les efforts possibles pour obtenir un emploi qui vous rapporte au moins un, deux ou trois dollars de l'heure ? N'oubliez pas que vous pouvez toujours compter sur cette foi qui déplace les montagnes, mais que vous pouvez ne pas être à la hauteur si vous n'êtes pas disposé à en payer le prix. Il se peut que vous deviez payer le prix d'une plus grande humilité, recommencer une fois de plus au bas de l'échelle. Il se peut que vous deviez consacrer des mois ou des années, en pleine maturité, à des cours de recyclage.

Lorsque nous devons appuyer nos idées sur du labeur ou de l'argent, il est tentant de se décourager. La situation se complique lorsque nous sommes forcés de nous y mettre ou de renoncer. Bien des gens ne sont pas à la hauteur de leur foi dans cette troisième phase. Il se trouve qu'ils n'ont pas une foi assez forte pour tout miser sur leur rêve.

Essayez. Mais soyez prêt pour la quatrième phase.

4. La phase des épreuves

La couvaison, la mise à l'épreuve et l'engagement débouchent invariablement sur la quatrième phase: la phase des épreuves. Vous êtes lancé. Vous vous êtes engagé. Vous avez mis votre nom en jeu. Vous avez commencé votre marathon.

Vous êtes maintenant assailli de problèmes, entravé par les ennuis. La défaite paraît certaine. Vous commencez à vous dire que vous avez eu les yeux plus gros que la panse. Vous vous demandez si vous n'avez pas fait une terrible erreur en vous engageant. La phase des épreuves est la façon qu'a Dieu de nous tester avant la victoire finale.

Il veut être sûr de ceci: comptons-nous vraiment sur Lui? Serons-nous vraiment reconnaissants si nous réussissons? Peut-Il nous faire confiance dans la victoire? Allons-nous nous montrer assez humbles pour mériter le grand prix?

Pour Patty Wilson, la phase des épreuves a commencé lorsqu'elle s'est blessée au pied. Ses parents l'ont emmenée à l'urgence, en priant Dieu que sa blessure ne soit pas sérieuse. Les médecins ont pris une radio et ont conclu qu'elle avait une fracture. Un médecin lui a dit : « Patty, tu ferais mieux de ne pas courir ; sinon, ça risque de devenir irréparable. »

Patty savait qu'il y avait des milliers de gens qui attendaient d'elle qu'elle coure, qu'elle termine. « Docteur, a-t-elle demandé, si vous enveloppiez mon pied très serré, ne croyez-vous pas que je pourrais continuer de courir ? »

« Oui, tu pourrais courir avec ta fracture si c'était bien serré... » Mais il a ajouté : « Tu vas avoir des ampoules et on ne peut pas courir avec des ampoules. »

« Mais une ampoule, ce n'est rien de plus que de l'eau sous la peau, a répondu Patty. Ma mère est infirmière. Est-ce qu'elle ne pourrait pas prendre une seringue et en retirer l'eau ? »

Le médecin a eu l'air surpris : « Oui, je suppose que c'est possible. » Sur ce, Patty a demandé au médecin de montrer à sa mère comment son pied devait être bandé tous les matins.

Voilà ce qu'avait été la phase des épreuves, seulement cela. Ce n'était pas définitif. C'était un obstacle. Elle est allée de l'avant, elle a continué de courir... cinq cents, huit cents, mille, mille six cents kilomètres. Elle avait préféré la route de la côte, oubliant que ça ajoutait cinq cents kilomètres. Elle s'était dit que la vue serait plus belle, ce qui était vrai, mais mille six cents kilomètres sont passés, mille huit cents, deux mille, pour finalement atteindre les environs de Portland au bout de deux mille cent kilomètres. Le gouverneur de l'État s'est mis en tenue sportive et a couru le dernier kilomètre avec elle ! Toute la ville était dehors pour la voir. Quel accueil elle a reçu ! Elle avait enduré la douleur. Elle avait payé le prix. Elle avait survécu à la phase des épreuves et avait réussi. Elle avait appris que la foi a le pouvoir de déplacer les montagnes lorsque vous tenez bon, que vous ne renoncez pas face à ce qui paraît être des impossibilités.

Je me rappelle le jour où j'ai reçu un coup de fil qui m'annonçait qu'un membre du conseil de notre église, Stanley Reimer, avait eu un arrêt cardiaque de *vingt-deux minutes*. Je savais ce que ça voulait dire... pendant tout ce temps l'oxygène n'avait pas atteint son cerveau.

Ils avaient réussi à le faire respirer, mais il était dans ce qu'on appelle le coma. Il avait été placé immédiatement au service des soins intensifs et ne montrait aucun autre signe de vie que sa respiration. Le neuro-chirurgien avait dit à la femme de Stan qu'il n'y avait plus d'espoir : « S'il continue de respirer, il sera un légume toute sa vie. Il ne fermera jamais les yeux. Ils resteront ouverts, vitreux, exactement comme ils sont maintenant. »

Dès que j'ai entendu la nouvelle, j'ai couru à l'hôpital tout en priant : « Dieu, que vais-je lui dire ? Que vais-je dire à sa femme ? Pourrai-je même lui parler s'il est dans le coma ? »

Je me suis rappelé que les professeurs nous avaient enseigné ceci au séminaire : « Un jour, en votre qualité de pasteur, vous pouvez avoir à parler à quelqu'un qui est dans le coma. Si cela arrive, ne pensez qu'à la *vie,* ne parlez que de la *vie,* ne croyez que dans la *vie*. Si vous êtes au chevet d'un patient qui semble être en train de mourir, dans un coma si profond qu'il n'a aucune réaction, ne pensez qu'à la *vie* ; ne parlez que de la *vie* ; ne priez qu'en termes de *vie* ! Le patient peut ne pas pouvoir remuer ses lèvres, manifester par un signe physique qu'il vous entend, mais sa conscience et son subconscient reçoivent peut-être en fait votre message. Vous ne devez donc pas placer une pensée négative dans son esprit. »

M'étant rappelé cela, je suis entré aux soins intensifs où se trouvait Stan. Il y avait Billie, sa femme, à son chevet, le visage en larmes. Stanley, mon joyeux ami, avait l'air d'une statue. Il ne pouvait pas bouger. Pratiquement, à l'œil, il était mort. Ses yeux, grand ouverts, ne manifestaient aucune vie, aucune réaction. J'ai entouré les épaules de Billie de mon bras et me suis mis à prier avec elle. Puis j'ai pris la main de Stanley et lui ai dit doucement, près de l'oreille : « Stanley, je sais que tu ne peux pas parler. Je sais que tu ne peux pas me répondre. Mais je sais que, au plus profond, tu peux m'entendre. Je suis ton pasteur. Je suis le révérend Robert Schuller. Je viens du temple où tout le monde prie pour toi. Et, Stanley, j'ai de bonnes nouvelles pour toi. Même si tu as eu une crise cardiaque sérieuse et que te trouves dans le coma, tu vas guérir. Tu vas vivre. Ce sera un long combat. Ça va être dur. Mais tu vas réussir, Stanley ! »

À ce point, j'ai eu une des expériences les plus émouvantes de ma vie. Une larme a coulé de son œil vitreux ! Il comprenait ! Aucun sourire ; pas un mouvement des lèvres ; mais une larme avait coulé. Le médecin était renversé. Billie était renversée. Un an plus tard, Stanley était capable de prononcer des phrases complètes. Il était capable d'entendre. Ses facultés redevenaient normales. Aujourd'hui, il marche, parle, rit, est vivant ! Un miracle, dites-vous ? Certainement.

« Si vous avez de la foi comme un grain de sénevé, vous direz à cette montagne : Déplace-toi d'ici à là... et rien ne vous sera impossible. » (Mt 17 ; 20) Dans les moments les plus sombres, rappelez-vous seulement que la foi peut déplacer toute montagne.

J'ai eu le plaisir et le privilège d'être l'ami intime de feu le sénateur Hubert Humphrey. Lorsque j'ai appris qu'il s'était rendu à New York pour y subir, à cause d'une malignité, une grave opération chirurgicale, je lui ai envoyé un télégramme. Le téléphone n'a pas tardé à sonner et le célèbre sénateur m'a dit : « Salut, Bob, ça me fait vraiment plaisir d'avoir pu te joindre. » Sa voix était énergique. Il a continué : « Je vais subir une grave opération dans quelques heures. Je voulais seulement te remercier pour ton télégramme inspiré. On vient de m'apporter une grosse pile de télégrammes et de lettres bien triés. J'en passais quelques-uns en revue... et puis devine ce qui se trouvait au sommet de la pile ? »

J'ai répondu : « Bien sûr, le télégramme du président des États-Unis. »

Il a éclaté de rire : « Non, Bob, le tien. Je l'ai devant moi. Il me donne un coup de fouet au moral. Je vais te lire ce que tu m'as écrit. »

Et il s'est mis à lire : « Dieu m'inspire à t'envoyer ce verset des Saintes Écritures : *Car je sais, moi, les desseins que je forme pour vous... desseins de paix et non de malheur, pour vous donner un avenir et une espérance.* (Jr 29 ; 11) » Le sénateur devait me dire plus tard que ce passage des Écritures lui avait donné du courage dans cette épreuve. Le courage est ce qui donne à la foi la force de déplacer les montagnes. Car même les montagnes s'usent avec le temps, sous l'effet du vent et de la pluie.

Tous les projets auxquels je me suis attelé ont traversé une phase de dures épreuves. Vous avez alors le choix entre persévérer ou renoncer. C'est à vous seul que revient la décision finale : renoncer ou persévérer dans la foi. Quelle est la réaction qui inspire le plus les gens ?

Tommy Lasorda, le célèbre entraîneur des Dodgers de Los Angeles, a été l'un de mes meilleurs amis pendant de très nombreuses années. Il a accroché au mur du vestiaire un poème que beaucoup de gens connaissent. Mais il est bon de le relire encore une fois. En effet, à chaque nouvelle lecture, ce n'est jamais le même poème. Notre situation dans la vie évolue et, par conséquent, notre perception du message aussi. Voici les fortes paroles d'Edgar A. Guest :

NE RENONCE PAS

Quand tout va mal, comme cela arrive parfois,
Que le chemin où tu vas semble toujours plus
raide,
Que ton argent est rare et tes dettes nombreuses,
Que tu dois soupirer quand tu voudrais sourire,
Que les soucis te pressent, pèsent sur toi,
Repose-toi s'il le faut, mais ne renonce pas !

La vie est étrange avec ses tours et ses détours,
Comme nous l'apprenons tous un jour ;
Tant de gens essuient l'échec
Quand ils auraient pu vaincre, s'ils avaient persévéré ;
Ne renonce pas, aussi lente que soit ta route…
Un autre effort te ferait réussir…

La réussite est l'envers de la défaite,
La frange argentée des nuages du doute…

Tu ne peux jamais savoir où s'atteindra le but,
Peut-être proche quand il paraît lointain;
Serre donc les poings quand pleuvent les coups…
C'est quand tout va mal que tu ne dois pas
renoncer!

Ne vous fiez pas aux nuages… mais au soleil. Ne fixez pas votre route sur l'éclair, mais sur les étoiles. Ne vous fiez pas aux ombres, mais au soleil. Croyez-en vos rêves… et non aux pensées noires. Ayez foi en votre foi… et doutez de vos doutes. Fiez-vous à vos espoirs… et non à vos plaies. Vous atteindrez bientôt, efficace, inspiré, la phase finale de la foi: la phase du sommet.

5. La phase du sommet

Oui, la phase ultime de la foi est la phase du sommet. Le sommet de la montagne est vaincu! Le succès est enfin atteint! Une habitude est rompue. L'argent vient à vous. Les chaînes sont brisées, la santé retrouvée. Le médecin vous renvoie chez vous. Vous retournez à la lumière. Les liens d'une relation brisée sont renoués. Le vide, la solitude de votre existence sont comblés par un nouvel amour, une nouvelle amitié. Le litige est réglé. L'économie redémarre. Une offre d'emploi se présente. L'hiver prend fin et le printemps revient. Dieu ne manque jamais de rendre sa place au soleil après l'orage. Et ceux qui persévèrent envers et contre tout finissent par survivre dans la réussite et deviennent une incroyable source d'inspiration pour les autres afin qu'ils continuent de livrer bravement leurs combats, eux aussi.

La vie de Jésus-Christ reflète les cinq phases de la foi. Dès l'âge de douze ans, Il savait ce que Dieu attendait de sa vie. Il avait reçu l'appel. La phase de la *couvaison*

Les décisions sont faciles à prendre s'il n'y a pas de contradictions dans votre système de valeurs.

s'est produite lorsqu'Il a compris qu'Il devait s'occuper des affaires de son père.

La phase de la *mise à l'épreuve* de sa foi a commencé lorsqu'Il a passé quarante jours au désert à être tenté par Satan.

La phase de *l'engagement* de sa foi s'est produite lorsqu'Il a passé ses années à marcher de par les plaines et les déserts de la Terre Sainte, prêchant, enseignant, engageant ses énergies, ses pensées, ses idées, son prestige dans sa vie publique. Il a connu son époque de popularité. Les foules l'ont suivi partout. Il paraissait connaître le plus grand succès!

Mais c'est alors que la phase des *épreuves* a commencé, au jardin de Gethsémani. Quelques heures avant qu'Il marche à sa mort, Il a fait la prière suivante: «Abba! Tout t'est possible: éloigne de moi cette coupe; pourtant pas ce que je veux, mais ce que Tu veux!» (Mc 14; 36). Et Il a été crucifié. Le rêve semblait mort. Tout se brisait. Ses disciples L'avaient trahi, trompé, abandonné.

C'est alors qu'est venue la phase du *sommet*. Le matin de Pâques est venu, le grand événement. Nous, chrétiens, savons qu'Il est vivant aujourd'hui. Il règne sur le royaume des croyants de ce monde, qui ont été libérés de leurs doutes, de leur défaitisme, de leur péché et de leur honte pour servir Dieu et leurs prochains grâce à la conscience créative du possible.

Vous connaîtrez vous aussi le moment du sommet si vous persévérez et ne croyez jamais au mot *jamais*. L'orage passera. Les oiseaux reviendront chanter!

Lorsque la nuit sera passée,
Que l'aube d'un nouveau jour s'annoncera
Avec ses rêves, ses espoirs nouveaux,
Alors vous entendrez...
Le chant des oiseaux.

Lorsque le sombre orage
Se dissipera,
Découvrant les champs bleus du ciel,
Les rayons lumineux sur les fleurs et les feuilles,
Les étincelles de lumière sur les diamants de la
pluie nouvelle,
Alors vous entendrez...
Le chant des oiseaux.

Oui, aux temps et aux lieux
Où l'hiver frileux s'achève,
Revient le printemps.
Le soleil joyeux dissout
La sombre nuit de l'âme.
L'orage n'est plus.
Alors vous entendez...
Le chant des oiseaux

R.H.S.

CROYEZ DÈS AUJOURD'HUI ET VOUS RÉUS-SIREZ.

Mary Crowley, présidente de Home Interiors, une firme très prospère, se trouvait avec son mari à Nassau, dans les Bahamas, il y a quelques années. Un dimanche matin, ils se sont retrouvés dans un temple local rempli par les gens du quartier, tous noirs, à l'exception de Mary et de son mari. Elle m'a rapporté l'histoire de ce prêcheur imposant aux cheveux argentés, à la voix tonnante et rocailleuse, qui avait tout le matin martelé ces mots à ses fidèles : « Soyez quelqu'un ! Dieu ne perd pas son temps à créer des riens du tout. Toute créature de Dieu, Il la crée pour être quelqu'un. »

Dieu qui vous a créé vous a donné un esprit brillant. Vous avez su apprendre à lire, vous avez pu lire ce chapitre. Vous êtes très déterminé. Vous avez poursuivi votre lecture jusqu'à ce point. Le fait que vous soyez en train de lire ce livre signifie que vous êtes taillé pour la grandeur. Vous pouvez réussir, vous le méritez tout autant que toute personne vivante dans le monde d'aujourd'hui. Dieu vous a créé pour devenir quelqu'un, quelqu'un qui peut inspirer beaucoup d'autres gens. Ouvrez votre esprit pour y recevoir les pensées du possible. Elles y viendront comme des œufs déposés dans un nid. Recevez-les tendrement, confiez-vous en elles à travers les phases de la mise à l'épreuve, de l'engagement et des épreuves. N'abandonnez pas votre rêve avant d'avoir atteint la phase du sommet !

9

La prière : une puissance
qui vous lie au succès

Chacun des principes que nous vous avons confiés dans ces pages est un ingrédient clé de la recette du succès. Nous en arrivons maintenant à la dernière technique, la plus importante, nécessaire à une gestion efficace de son existence. Si vous avez suivi toutes les étapes décrites jusqu'à présent, vous avez maintenant 1) placé vos problèmes dans leur juste perspective, 2) mis en pratique les douze principes du contrôle positif des problèmes, 3) assumé la charge et le contrôle de votre situation, 4) résolu les impossibilités grâce aux dix commandements de la conscience du possible, 5) compté jusqu'à dix et gagné, et 6) mis en action la foi qui va déplacer votre montagne. Mais par-delà chacune de ces étapes, unifiant tous les principes exposés précédemment, vous devez, pour réussir, faire une pratique stable et intarrissable de la prière positive.

Dieu guide ceux qui prient par les temps difficiles jusqu'à la lumière merveilleuse. J'ai eu récemment une preuve remarquable de ce soutien et je vais en raconter ici l'histoire pour la première fois.

L'une de mes périodes les plus difficiles s'est présentée deux années après l'inauguration de la cathédrale de cristal et a impliqué mon unique fils. Ce dernier, depuis le début de son adolescence, s'est senti élu pour consacrer sa vie à Jésus-Christ et au pastorat.

Il est diplômé du Hope College de Holland, au Michigan, et a terminé ses études de théologie en Californie au séminaire Fuller. Il nous sert maintenant d'assistant à temps partiel au temple et, selon ses propres mots, son but est de « passer ma vie à travailler avec mon père comme associé et partenaire dans la cathédrale de cristal. »

Telle est la voie où il a choisi de s'engager. Mais mes relations avec lui ont pris bientôt un tour inattendu.

La Semaine sainte 1981

Alors que la réunion du conseil de la cathédrale de cristal approchait de sa fin, le mardi soir, je me suis tourné vers mon fils et lui ai demandé spontanément : « As-tu quelque chose à rapporter au conseil ? »

Pris à l'improviste, il s'est surpris à dire quelque chose qu'il n'avait jamais eu l'intention de verbaliser : « Oui, c'est vrai, oui. » Et après une pause, étonné lui-même, il a causé une commotion générale en annonçant : « J'estime que je dois renoncer à mes fonctions au temple. » Un silence de plomb a suivi ces paroles.

« Je vais devenir un grand prêcheur comme mon père. » J'ai cru voir des larmes dans ses yeux. Je l'ai vu avaler sa salive. « Je ne crois pas que je deviendrai jamais comme mon père si je ne suis pas le chemin qu'il a lui-même suivi, a-t-il poursuivi. J'ai fait de nombreuses prières et je crois vraiment que Dieu veut que je vole de mes propres ailes, que je crée mon propre temple, à partir de zéro, comme mon père l'a fait. »

Ses yeux se sont remplis de larmes, ses lèvres se sont mises à trembler. Je ne pouvais pas me rappeler, en vingt-six ans, de l'avoir jamais vu pleurer. Lorsqu'il était puni ou réprimandé, enfant, il conservait la tête haute.

« Je vous prie de m'excuser... » Refoulant ses sanglots, il a repoussé sa chaise et s'est rendu dans la toilette voisine. Nous tous à la table, anciens, diacres, pasteurs, sommes restés assis, nous regardant en silence. Il est bientôt revenu. Il s'est avancé la tête haute, droit comme un piquet, un sourire éclatant au visage malgré ses yeux rougis.

« Excusez-moi pour cela... De toute ma vie, je ne me suis jamais vu ailleurs que dans ce temple. Je n'avais que six mois quand mon père l'a ouvert. Mais je sens maintenant que Dieu veut que je parte. »

Les douze anciens et diacres se sont alors levés, se sont donné le bras et, formant une chaîne humaine, ont entouré mon fils. Nous avons prié que Dieu le bénisse, le guide dans ses décisions à chaque étape. Après une période de prières intenses, je l'ai regardé et lui ai demandé : « Quelles sont tes intentions ? »

« Je crois qu'il y a de la place, dans le sud du pays, pour un autre merveilleux temple positif, et je prie que Dieu m'y mène si telle est sa volonté. »

La réunion a été promptement ajournée ; il était près de dix heures du soir. Avant que mon fils ne quitte la pièce, je lui ai demandé : « Bob, est-ce que nous pourrions nous voir, demain ? »

«Oui, a-t-il répondu, ça me ferait plaisir. Je dois aller à San Diego. Peut-être pourrais-tu m'accompagner?»

J'ai laissé une note sur le bureau de ma secrétaire, l'instruisant d'annuler tous mes rendez-vous du lendemain à cause d'une urgence qui m'appelait hors de la ville. L'urgence, c'était d'être avec Bob.

Le lendemain matin, nous avons quitté le temple ensemble pour ce voyage de 150 kilomètres vers le sud. Nous avions déjà fait près de 30 kilomètres lorsque j'ai pris la parole: «Bob, créer un temple à partir de rien est une autre paire de manches que lorsque j'étais un jeune pasteur, il y a vingt-cinq ans.»

Bob, me lançant un coup d'œil, m'a arrêté net avec cette remarque pertinente: «Alors, tu ferais peut-être mieux de cesser de prêcher la conscience du possible, papa!»

Il m'avait coincé, il n'y avait rien à répondre. «Mais où comptes-tu pouvoir acheter un terrain aujourd'hui, Bob?» Et j'ai ajouté: «Tu sais que quand j'ai créé ce temple, il nous a été possible d'acheter le terrain pour 6 000$ l'acre. Aujourd'hui les terrains à vendre son rares. Et si tu arrives à en trouver un, ça va te coûter plus de 100 000$ l'acre!»

Il a levé son bras droit et a montré du doigt la vaste étendue de terrains vacants qui s'offrait à notre vue tandis que nous roulions. Un drapeau américain flottant au sommet d'un mat dominait une colline verdoyante entourée de palmiers. C'était le célèbre Rancho Caspistrano, vaste de 92 acres.

« J'ai réfléchi, j'ai prié et je crois que Dieu va me donner une partie de cette terre », a dit Bob d'un ton assuré. Sa force de conviction m'a impressionné.

« C'est vrai, Bob, pourquoi pas, ai-je répondu, me laissant gagner par son rêve. Après tout, c'est ici que vit John Crean, et c'est lui qui a fait le premier don d'un million de dollars pour lancer notre campagne de financement de la cathédrale de cristal. Oui, en fait, c'est dans cette maison, dans cette propriété, sous ce drapeau, que j'ai demandé à John de faire un don assez important pour assurer avec succès le démarrage de la campagne.

« Tu sais, Bob, » (j'étais de plus en plus enthousiaste) « je me rappelle maintenant ce que m'a dit un jour John : *Je ne sais pas ce que je vais faire de cet énorme ranch de 92 acres. Mais je crois bien que Dieu a une idée en tête. Ce que je sais, c'est que je n'ai pas l'intention de vivre là toute ma vie.* Oui, il se pourrait bien qu'il te fasse cadeau de quelques acres. »

« J'en suis certain, a dit Bob. J'ai prié... Je n'ai pas l'ombre d'un doute que c'est exactement ce que Dieu veut. »

« Bon, eh bien alors, prends rendez-vous, entre en contact avec lui, ai-je conclu. C'est ton affaire, pas la mienne. »

À la fin de ce mercredi, nous avions fait notre voyage aller et retour à San Diego. Peu après la tombée de la nuit sur cette journée de la Semaine sainte, mon fils a appelé John Crean « pour se rencontrer et discuter ».

« Demain, ça vous va ? » a proposé monsieur Crean.

« C'est parfait, » a dit Bob.

Le lendemain, jeudi saint, ils se sont rencontrés pour le lunch. Bob m'avait appelé le matin pour me dire : « Je mange à midi avec John Crean. Fait une prière pour moi. »

« Bob, lui ai-je dit, te rends-tu compte que c'est ce même jour du jeudi saint, il y a cinq ans, que je l'ai rencontré pour lui demander de nous faire ce premier don d'un million de dollars ? Et maintenant, cinq années plus tard, tu vas lui demander de rendre possible la naissance d'un nouveau temple. Ne t'étonne pas s'il refuse et ne sois pas découragé. Après tout, au départ, il m'avait répondu non. C'est seulement après qu'il eût prié qu'il est revenu sur sa décision. »

L'attente de la réponse m'a mis, toute la journée, sur des charbons ardents. Le téléphone a finalement sonné en fin d'après-midi.

Il y avait, dans la voix de Bob, un accent que je ne lui avais jamais connu : « Papa, tu ne devineras jamais ce que John Crean a fait. »

« Raconte-moi vite », lui ai-je demandé vivement.

« Voilà, je lui ai demandé s'il pouvait me donner un bout de sa terre pour y bâtir un temple. Et il m'a dit : *Bob, vous arrivez trop tard. Hier soir, Donna et moi avons donné tout le ranch à quelqu'un d'autre.* »

Ce fut le plus grand choc de la vie de mon fils, et un choc encore plus dur pour moi.

John Crean avait expliqué à mon fils que, pendant plus de dix ans, il avait trouvé la santé, le réconfort et l'énergie spirituelle dans les retraites organisées par les Jésuites. Rares sont, s'il en est, les organisations aussi

Une épreuve n'est pas
une défaite

expérimentées dans la tenue de retraites spirituelles que l'ordre des Jésuites.

« Donna et moi avons prié et en sommes venus à la conclusion que Dieu voulait que le ranch devienne un centre de retraites. Et comme les Jésuites savent vraiment comment organiser des retraites, nous leur en avons fait don. Nous avons signé les papiers hier soir. »

C'étaient à la fois de bonnes et de mauvaises nouvelles. La bonne nouvelle, c'était que John Crean donnait sa propriété à une merveilleuse organisation d'hommes inspirés par Dieu pour une cause fantastique. La mauvaise nouvelle, c'était ce que cet événement pourrait faire à la foi de mon fils dans les réponses que Dieu avait apportées à ses prières. Mais, par ailleurs, j'avais un rêve que je n'avais jamais partagé avec personne. Je rêvais depuis longtemps d'avoir un centre de retraites. J'étais spirituellement accablé d'avoir ainsi manqué l'occasion d'obtenir un terrain où j'aurais pu réaliser mon rêve secret de faire des retraites à l'intention des couples, des pasteurs en désarroi et des personnes souffrant de problèmes d'alcoolisme.

Monsieur Crean était un membre actif du conseil d'administration de l'émission « Hour of Power », mais je ne lui avais jamais confié mon désir secret ; il ignorait le rêve que je berçais dans mon cœur. Il ne pouvait pas, bien entendu, penser à nous offrir sa propriété. S'il avait su combien je tenais à entrer dans ce type de pastorat, peut-être en aurait-il offert une partie à la Crystal Cathedral et une partie aux Jésuites. Et nous aurions pu, à notre tour, en offrir un lot pour le temple de mon fils. Était-il trop tard? Peut-être pourrions-nous en acheter une partie aux Jésuites? J'ai pris mon téléphone le samedi et j'ai appelé monsieur Crean: «Est-ce que ce don de votre ranch est arrêté, définitif, irréversible?»

«Eh oui, je le crains bien, Bob, m'a-t-il répondu. Vous savez, le ranch vaut près de dix millions de dollars et je le leur abandonne sans conditions; donc, je suis sûr qu'ils vont l'accepter. Ils sont enchantés, sinon je n'aurais pas signé l'acte de cession.

«Bien sûr, ils doivent signer des papiers pour accepter ce don dans les formes de la loi. Tout ce que je leur ai demandé, c'est que les pièces soient notariées et prêtes dans les six mois. Je veux que tout soit réglé avant le dernier trimestre de l'année pour pouvoir évaluer ma situation face à l'impôt.»

Je me suis tu un instant, puis j'ai dit: «Je regrette de n'avoir pas su que vous vouliez en faire un centre de retraites, John. J'avais mon propre rêve. Mais je suis sûr que vous avez pris là la bonne décision, car vous êtes un homme de prière, je le sais. Je n'ai jamais rencontré un homme qui prie aussi sincèrement que vous, John.»

Sur ces mots j'ai raccroché, mais j'avais le cœur très gros. Nous ne pourrions pas utiliser le Rancho Capistrano pour le centre de conférences spirituelles dont j'avais rêvé. Je voulais m'y mettre une fois que la cathédrale de cristal aurait été terminée. J'étais maintenant dans la cinquantaine, cette entreprise avait été menée à bien et je voulais me lancer dans la création de centres de conférences. Mais voilà, la seule propriété potentielle à cet effet venait d'être offerte à quelqu'un d'autre.

Juillet 1981

Trois mois étaient passés depuis que les Crean avaient signé les papiers de cession de la propriété aux

Jésuites. John Crean a invité des amis, des parents et des responsables de l'ordre des Jésuites à l'occasion de son anniversaire. Il a annoncé que la procédure de cession avançait. Les Jésuites ont apporté une croix de cuivre, des cierges, le nécessaire pour la communion et se sont servi d'une table de billard dans la salle de jeux pour y dire la messe du matin.

Août 1981

« Il faut que la cession soit acceptée, signée et notariée », a dit John Crean à un supérieur de l'ordre. Mais, pour une raison ou une autre, les papiers ne sont pas arrivés. Il y a, il est vrai, des éléments qui doivent être clarifiés par plusieurs responsables aux divers niveaux de la hiérarchie.

Crean s'est soulagé le cœur auprès de moi : « Je n'ai jamais eu autant de mal à essayer de donner quelque chose. Je ne sais pas pourquoi ils n'ont pas encore signé les papiers. Je regrette de ne pas vous avoir fait ce don à vous, Bob, mais c'est trop tard. »

Septembre 1981

« Lundi, les six mois seront écoulés. » Monsieur Crean a donné les instructions suivantes à son avoué. « Veuillez avertir par lettre les Jésuites qu'il me faut les papiers signés et notariés avant lundi, le 4 septembre, à 16 heures. Si je ne reçois pas leur accord à la fin de ces six mois, je me sentirai inspiré par Dieu à en disposer autrement. »

Le lundi 4 septembre, je me trouvais dans ma bibliothèque lorsque, à 4 heures 04, le téléphone a sonné.

C'était Donna Crean, la femme de John: «Bob, je me demandais si vous pourriez passer, ce soir. John voudrait vous parler.»

«Donna, vous savez que c'est lundi... et le lundi soir, c'est notre soirée, à ma femme et à moi. Nous ne sortons jamais le lundi soir, sinon en tête-à-tête.»

«Je le sais bien, Bob, m'a-t-elle répondu. Peut-être pourriez-vous juste faire un saut en sortant dîner. Ce ne sera pas long. Je vais vous donner une idée de ce que John veut vous dire. La cession est tombée à l'eau, c'est à vous qu'il pense, maintenant.»

J'ai poussé un cri, un hurlement, j'ai failli perdre connaissance!

Deux heures plus tard, Arvella et moi étions assis dans cette pièce même de cette maison même où, cinq ans plus tôt, j'avais demandé à un total étranger de nous faire un don d'un million de dollars pour lancer cet incroyable projet qui devait s'appeler la cathédrale de cristal. Et voilà que je m'y trouvais encore pour recevoir en don un ranch de 92 acres.

«John, ai-je dit, la voix tremblante, vous savez que c'est la réponse à une prière. Tout a commencé lorsque mon fils a demandé dans ses prières un endroit où bâtir son temple.»

John Crean m'a aussitôt interrompu pour me dire avec force et énergie: «Bob, je vous donne ceci pour créer un centre de retraites et pour les besoins de votre temple, et pas au petit Bob. Il doit le mériter, mener ses propres combats. Mon rêve, c'est un centre de retraites, pas un autre temple.»

Il me fallait bien respecter ses exigences, mais, en mon for intérieur, j'étais désolé. Que dirais-je à mon fils? Je n'aurais pas été là, dans cette pièce, si les prières de mon fils ne m'en avaient pas montré le chemin.

Novembre 1981

Mon fils a accepté le fait que son père soit le bénéficiaire du ranch, le fait de ne jamais pouvoir en posséder ne serait-ce qu'un acre pour y bâtir un temple. Il a cherché sans succès une salle disponible. Il a tenté d'utiliser un cinéma en plein air, mais la municipalité a allégué que ça créerait des embouteillages et a rejeté sa demande. Il a cherché un entrepôt à louer, mais il n'y en avait aucun. Il a finalement trouvé un gymnase dans un collège et, en novembre, a tenu son premier service religieux, en espérant que des gens viendraient. L'assistance a augmenté lentement mais régulièrement, de novembre à février. Pendant ce temps, le ranch en était au point mort. Mon enthousiasme pour son développement s'est refroidi.

Mars 1982

John Crean et moi nous sommes rencontrés. Nous avons décidé qu'il fallait que nous discutions de l'avenir du ranch. « Passons deux ou trois jours sur mon bateau », m'a-t-il proposé. J'ai accepté. « Vous savez, je suis très impressionné par le travail que fait le petit Bob », m'a-t-il confié tandis que nous chassions le makaire dans les eaux du Pacifique. « Mon frère est allé au temple de Bob. Il en est devenu membre, est-ce que vous le saviez? » m'a-t-il demandé. Il s'est alors tourné vers moi pour me regarder : « Des tas de choses se sont passées cette année. Bob a fait ses preuves. S'il veut utiliser la vieille grange à l'autre bout de la propriété, la transformer en une petite chapelle pour y tenir ses services, ça devrait pouvoir marcher. »

Il a ajouté : « Donna et moi avons prié ; nous croyons dans les principes mis en pratique par les Alcooliques Anonymes : *Avançons avec l'aide de Dieu.* S'abandonner sans partage à Dieu le Tout-Puissant. Lui laisser faire exactement ce qu'Il veut de la façon qu'Il le décide dans notre vie. Nous estimons que nous devons faire cela en ce qui concerne le ranch. Faites ce que vous voulez et à votre façon, Bob. Je sais que vous allez demander l'inspiration de Dieu dans vos prières et je crois que Dieu va vous guider ; je crois que vous prendrez les justes décisions en suivant son avis. »

John Crean n'avait pas aussitôt fait ce profond acte de foi que j'ai senti naître en moi une sorte de libération, de nouvelle énergie spirituelle. Je ne peux décrire cela que comme la réalité de Dieu se transfusant dans mon humeur, dans mon esprit.

Aujourd'hui, au moment même où ce livre est publié, mon fils tient des services religieux dans ce qui était la grange de ce ranch de 92 acres, deux services quotidiens suivis par des fidèles de plus en plus nombreux qui adorent Dieu dans ce nouveau temple ! Le premier de trois centres de retraites soigneusement planifiés est en voie de construction. Cette propriété aux belles ondulations de terrain, avec son lac privé, ses bois charmants, ses cascades sera préservé : Jardin de l'Eden, ce sera un lieu où les âmes, les unions éprouvées, lassées, viendront se renouveler aux sources d'une nouvelle vie !

Deux années ont passé depuis que mon fils, dans ses premières prières, a pensé au ranch. Deux années ont passé et il tient maintenant des services religieux dans la propriété que sa foi, inspirée par la prière, l'a amené à demander au nom de Dieu.

Sa foi a connu toutes les phases: la phase de la couvaison où Dieu a déposé l'idée; la phase de la mise à l'épreuve où il s'est demandé si c'était là vraiment le meilleur et le seul lieu à élire; la phase de l'engagement; la phase des épreuves où il s'est entendu dire qu'il ne pouvait pas en disposer, et enfin, aujourd'hui, la phase du sommet de la foi.

Les temps de l'espoir, du désespoir, de l'enthousiasme et de la dépression sont tous passés. Aujourd'hui, le soleil brille. Le ciel est bleu. Le rêve est devenu réalité!

Je viens de terminer la lettre suivante, que j'adresse aux Jésuites:

Mes chers frères dans le Christ,

Vous avez été libérés de la responsabilité de l'entretien et de la gestion du ranch. Nous avons accepté cette très lourde responsabilité. Dans quelques mois, nous disposerons de chambres confortables, d'une chapelle et d'une salle à manger que vous pourrez employer, mes chers frères, pour faire retraite si vous trouvez les chambres à votre goût.

Après tout, nous ne sommes pas les propriétaires. Dieu l'est. Nous n'en sommes que les dépositaires. Tout être humain est l'enfant de Dieu. Nous sommes tous frères. Si nous pouvons vous rendre service, veuillez me le faire savoir.

En ce moment même où j'envoie ce livre à l'imprimeur, je m'occupe à mettre sur pied ce que j'espère être un projet, étalé sur cinq ans, de développement des jardins et des bâtiments du Centre spirituel du Rancho Capistrano. C'est une entreprise dont j'espère qu'elle me tiendra créativement occupé et vibrant d'enthousiasme. Je compte employer le restant de mes jours à libérer les cœurs de ceux qui y viendront, comme les hirondelles au printemps, des tensions, des peurs, des péchés et de l'angoisse.

Un verset de la Bible gravé dans un vitrail dominera ce centre spirituel et son jardin, la promesse de Dieu exprimée dans le Cantique des Cantiques : « La saison vient des gais refrains. » (Ct 2 ; 12)

L'orage est passé. Les oiseaux chantent. La nuit a fui. Les épreuves ne durent jamais. Mais la force d'âme, oui ! Telle est la stricte vérité si nous vivons chaque moment, jour après jour, dans un abandon total à Dieu par la prière. Dieu répond à nos prières en nous donnant la force de résister aux orages jusqu'au retour de la lumière.

« Mais ceux qui espèrent en Yahvé renouvellent leurs forces, ils déploient leurs ailes comme des aigles, ils courent sans s'épuiser, ils marchent sans se fatiguer. » (Is 40 ; 31)

J'ai puisé une immense énergie dans cette promesse divine. Tourné vers Lui dans mes prières, je trouve la force de persévérer. Le grand danger des épreuves, c'est que nous y perdons la capacité émotionnelle de demeurer enthousiastes et créatifs. La solution que nous offre Dieu, c'est la prière, c'est puissance réparatrice.

La prière, cette puissance qui répare tout

Nous savons tous ce que veut dire « se brûler ». Il y a les gens qui se brûlent professionnellement. Il y a des institutions qui se brûlent dans leurs productions. Il y a des familles, des mariages. Il y a des individus qui perdent leur enthousiasme pour la vie.

Le problème des dépressions, c'est qu'elles aboutissent toujours à des atterrissages catastrophiques.

Je ne veux pas voir votre vie s'effondrer. Dieu non plus. C'est pourquoi Il nous a donné la solution au problème de la dépression. Sa solution, c'est la prière.

Lorsque les temps sont les plus difficiles, qu'il semble que vous ne puissiez pas tomber plus bas, que la conscience du possible n'a pas produit les résultats que vous escomptiez, la déprime vous menace dangereusement. C'est justement à ces moments-là que vous avez besoin de Dieu, parce que, quand vous restez en contact avec Lui, vous êtes à l'abri de la déprime. Vous allez me dire: « Mais vous, ça ne vous arrive jamais de passer par de terribles creux ? » Oui, mais rappelez-vous que vous pouvez être à l'abri de la déprime, pas des baisses de tension épisodiques. Ces dernières ne constituent pas des renoncements définitifs, des divorces, des faillites. Vous pouvez bien vous sentir à plat lors d'une baisse de tension, vous n'en abandonnez pas pour autant le navire comme vous le feriez en déprime. La différence est importante. Dans une baisse de tension, le courant revient. Mais la déprime? Ça, c'est terrible. Pour empêcher que les baisses de tension se transforment en déprime, il vous faut rester en contact avec Dieu... voilà ce que c'est que la prière. Mais, notez-le bien, le maintien du contact avec

Dieu ne va pas éliminer vos problèmes... ça va vous permettre d'en conserver le contrôle. L'acteur Grady Nutt l'a dit: «Dieu, dans nos combats, est la ressource; il ne doit pas être une échappatoire.»

Comment renouvelle-t-on son esprit, son énergie, dans une période de baisse de tension? Comment se reprend-on en main à temps pour éviter la déprime et prouver la vérité de ce livre: *Après la pluie vient le beau temps?* Considérons le mot *renouveler.* Je vais passer en revue les cinq éléments dont il est composé, dans l'espoir que vous saurez comment vous renouveler chaque fois que la déprime menacera.

Revoyez votre passé

D'où est-ce que je viens? Qu'est-ce qui m'a maintenu en mouvement jusqu'à présent? Passez en revue les personnes qui ont participé de près à votre existence, ainsi que vos projets et vos problèmes. Passez en revue vos habitudes particulières, votre philosophie de la vie, votre système de valeurs et votre religion.

Reconsidérez quelle a été jusqu'à présent la source de votre énergie émotionnelle. Qu'est-ce qui vous stimulait dans le passé? Pourquoi ne l'êtes-vous plus maintenant? Était-ce une personne en particulier ou un projet précis? Cette personne est-elle partie, ce projet est-il achevé?

Un problème vous affrontait-il, qui, aujourd'hui, est réglé? Peut-être un adversaire? Et l'esprit de compétition vous motivait.

Était-ce un mode de vie personnel ou social qui vous maintenait en mouvement? Avez-vous renoncé à vos idées? Vous êtes-vous laissé aller à vous accommoder d'une morale, de valeurs douteuses? N'est-ce pas là comme une termite obscure qui ronge votre enthousiasme juvénile?

Vous étiez-vous laissé séduire, entraîner, par de fausses attentes? Shakespeare a affirmé que nombre de nos objectifs dans la vie sont pareils à des aiguilles dans des bottes de foin: «Vous les chercherez le jour entier pour découvrir, une fois trouvées, qu'elles n'en valaient pas l'effort.»

Il n'est que trop fréquent que nos objectifs soient le produit d'un système de valeurs déficient. Et l'énergie qui nous maintient enthousiastes dans notre vie, notre mariage et notre carrière, nous la tirons de l'élan de notre recherche plutôt que de ses fruits et de la moisson finale.

Quelle a été la source d'énergie positive qui a alimenté votre flamme tout au long de ces années passées? Revoyez votre vie en détail.

Examinez toutes les possibilités

Quels objectifs adopteriez-vous si...? Que feriez-vous si vous aviez l'argent, l'instruction, la formation, les contacts, les appuis? Que feriez-vous si vous aviez la bonne formule de mise en marché, la bonne équipe de travail? Si vous aviez le temps, l'usine, l'équipement? Que feriez-vous si vous aviez la certitude de ne pas échouer?

Il y a bien plus de possibilités que vous ne croyez. Examinez-les.

Avancez le prix que vous êtes prêt à payer

Accepteriez-vous de retourner aux études pour deux ou trois ans ? De déménager ? De passer de six à huit mois en physiothérapie pour réapprendre à marcher ? Indiquez donc le prix que vous êtes disposé à payer.

Lorsque Henry Ford a déménagé tout le laboratoire de Thomas Edison à Dearborn Village, il a également emporté les rebuts. Pourquoi ? Parce qu'il voulait que tout le monde voie tout ce que Edison avait dû rejeter avant d'en arriver à la réussite. Tout vendeur connaît cette vérité. Pour obtenir un « oui », il faut passer par une pile de refus. Quel prix êtes-vous disposé à payer ?

Quand j'ai vu pour la première fois la maquette de la cathédrale de cristal, j'ai dit à ma femme : « C'est fantastique ! Si assumer la responsabilité de la construction de cette cathédrale doit me coûter une tension élevée et même une crise cardiaque fatale, je suis heureux d'en courir le risque pour un tel monument. » J'étais sincère. Quand votre conviction est à ce point forte, vous êtes parti pour réussir.

Adoptez la meilleure possibilité, quel qu'en soit le prix

Choisissez ce qu'il y a de mieux ; ignorez la médiocrité. La médiocrité a le don d'éteindre notre enthousiasme. Le choix de l'excellence, par contre, suscite des sources d'énergie incroyables. Choisissez ce qu'il y a de mieux, quel qu'en soit le prix.

Soyez patient et travaillez

Rien n'est plus difficile, sans doute, que de devoir attendre, travailler, avancer pas à pas, conserver sa patience par les temps difficiles. Mais il le faut. Et au moment que Dieu aura fixé, l'espoir et le soutien se présenteront. Il arrive souvent qu'un commentaire spontané, inattendu, qu'une réponse abrupte à une question importante ouvre l'horizon pour un nouveau lever de soleil émotionnel.

Henry Ford est né sur une ferme. Il l'a quittée à l'âge de seize ans pour Détroit où il s'est trouvé un emploi de mécanicien. Puis il est devenu pompier pour la Detroit Edison Company, où il a bientôt atteint le poste de technicien en chef. Edison n'était bien sûr pour lui qu'un nom célèbre. Lorsque Edison visitait la compagnie, Ford se disait que, s'il arrivait jamais à approcher ce célèbre inventeur, il lui poserait une question, une seule. La chance se présenta en 1898. Il a arrêté Edison et lui a demandé: «Monsieur Edison, pourrais-je vous poser une question? Pensez-vous que l'essence soit une bonne source d'énergie pour les automobiles?» Edison n'avait pas de temps à perdre; il s'est contenté de répondre oui et a poursuivi son chemin. Voilà, rien de plus. Mais cette réponse a stimulé Ford. Ford a pris une décision. C'est en 1909, onze ans plus tard, qu'il a sorti la Lizzy. Il avait fait face aux critiques et, au cours de ces onze années, il avait travaillé et patienté, patienté et travaillé. Il avait connu des baisses de la tension, mais jamais de déprime.

«Ceux qui se confieront au seigneur renouvelleront leur énergie.» Le Seigneur peut le faire par l'intermédiaire de quelqu'un, d'une rencontre de hasard. Par l'intermédiaire de quelqu'un que Dieu utilise pour vous encourager. Je sais que cela est vrai, car j'ai connu des périodes où j'ai eu besoin d'être encouragé. Et il y a eu d'autres occasions où Dieu s'est servi de moi pour donner des encouragements à quelqu'un d'autre. Confiez-vous au Seigneur. Restez en contact avec Lui par la prière.

Vous avez certainement entendu parler de Florence Nightingale. Mais saviez-vous qu'elle était née dans un milieu riche et huppé de Londres, en Angleterre? Cette brillante jeune fille a écrit en 1851, âgée de trente et un an, dans son journal intime: « Je ne me vois pas d'autre désir aujourd'hui que la mort.» Elle était bien près de la déprime. Mais elle s'est renouvelée. Comment? Elle a passé son existence *en revue*. L'argent, le prestige de sa situation dans la vie ne lui étaient rien. Puis elle a *examiné* les possibilités. Si seulement elle pouvait aider les autres. Elle voulait devenir infirmière. Son père et sa mère lui dirent alors qu'un tel métier était inférieur à sa condition. Elle en a perçu le *prix*: l'ostracisme de ses parents et de la «bonne société». Elle a *choisi* de devenir infirmière. Sa mère écrivit: «Nous sommes deux canards, mon époux et moi, et nous avons mis au monde un cygne sauvage.» Mais le biographe de Florence Nightingale a dit: «Sa mère se trompait: Florence n'était pas un cygne sauvage, mais un aigle.» Ce fut alors la guerre de Crimée. Florence décida d'y aller. «Possédée par des démons. Victime d'une dépression nerveuse», affirma sa famille. Elle fut critiquée, ostracisée, tenue pour folle. Mais, pendant trois années, elle a patienté, travaillé parmi les moribonds, leur sang, leurs membres amputés. Elle rentra trois ans plus tard, en 1859, et elle a écrit et fait publier ses notes sur la bonne gestion des hôpitaux. Elle a transformé les hôpitaux. Vous et moi en sommes les bénéficiaires un siècle plus tard.

Confiez-vous au Seigneur par la prière et Il renouvellera votre rêve. Les baisses de tension feront alors place à la lumière.

Les baisses de tension ne sont pas nécessairement des ruptures de courant. Les orages passent. Les forts survivent. Si vous ne devez vous rappeler que d'un seul principe une fois ce livre terminé, c'est de celui-ci : il n'y a aucune raison pour que les baisses de tension se transforment en déprime.

Il est d'une importance capitale que nous persévérions dans l'espoir et que nous n'appelions jamais une baisse de tension une panne. Si nous baissons les bras, y repensant plus tard, nous dirons : «Je comprends maintenant que ce n'était qu'une phase, une période, une transition normale. Je n'aurais pas dû renoncer; j'aurais dû m'accrocher. Lorsque les enfants étaient tout petits avec leurs couches, c'était une période. Lorsque la compagnie en était à ses premiers balbutiements, que je devais m'occuper moi-même du secrétariat et de l'entretien, c'était une période. Ces périodes n'auraient pas duré toujours.

Toute institution, tout individu, tout emploi connaît ses époques, ses passages, ses périodes, ses âges; nous devons nous appliquer à persévérer. Lorsque la baisse de tension n'est qu'une baisse de tension et non une panne, le courant revient. Lorsqu'il y a une surcharge sur notre réseau émotionnel, nous devons attendre, nous confier au Seigneur et une nouvelle lumière viendra.

La décision la plus dangereuse qui soit, c'est celle, négative, irréversible, que nous prenons en période de baisse de tension. Ne vendez pas votre propriété parce qu'il n'y a pas l'électricité. C'est un problème passager, rien de définitif. Ne coupez jamais un arbre mort en hiver. Je me rappelle l'hiver où mon père, ayant besoin de bois de chauffage, avait trouvé un arbre mort et l'avait scié. Au printemps, il fut désagréablement surpris de découvrir de nouvelles pousses autour du tronc. Il a dit: « J'étais certain qu'il était mort. Les feuilles étaient toutes tombées. Il faisait si froid que les branches se brisaient aussi sûr que si l'arbre avait été mort. Mais maintenant, je sais qu'il y avait encore de la vie dans ses racines. » Il m'a regardé et a conclu: « Bob, n'oublie pas cette importante leçon. Ne coupe jamais un arbre mort en hiver. » Ne prenez jamais une décision négative dans les périodes de creux. Ne prenez jamais de décision capitale lorsque votre moral est au plus bas.

Attendez. Soyez patient. L'orage passera. Le printemps reviendra. De nouveaux sentiments vous inspireront et ils seront positifs. Priez positivement dans la patience que la force divine vous soit rendue.

Aux débuts de notre temple, j'ai traversé une longue période de deux années où un pasteur adjoint conspirait pour me remplacer à la tête de ce nouveau temple. Il avait réussi à obtenir l'appui de plusieurs membres de notre conseil. Ils tenaient des réunions secrètes pendant la semaine; je le savais mais ne savais pas quelle attitude adopter. J'ai horreur des conflits. J'étais tout naturellement tenté de faire mes valises et mes adieux.

Mais il restait que j'étais le responsable désigné par notre Église pour mettre sur pied ce temple. Mon éducation m'avait appris à assumer mes responsabilités. « On ne va jamais à la pêche avant d'avoir fait les corvées », avait coutume de me dire mon père.

Il était impensable que j'abandonne ce temple sans m'être acquitté de la tâche à remplir. Je devais persévérer. C'était une mauvaise passe, pas un désastre, certainement pas. J'avais glissé sous la glace qui couvrait mon bureau des cartes où étaient inscrites des pensées stimulantes. L'une d'elles rapportait cette parole de Jésus: «Quiconque a mis la main à la charrue et regarde en arrière est impropre au Royaume de Dieu.» (Luc 9; 62)

Une autre carte portait ces mots d'un certain docteur Butler de l'Université Baylor: «Lorsque les choses vont mal, ne faiblissez pas. Les gens, les pressions, se modifient, mais le sol reste le même où que vous alliez.»

Tournez-vous vers le Seigneur, Il vous donnera la force!

J'ai connu mes périodes d'eaux basses. Il s'en présente encore de temps en temps. Je suis aujourd'hui sous les yeux du public. L'expérience m'a appris que lorsque vos travaux sont sous les projecteurs du fait de vos livres ou de vos passages à la télévision, vous êtes exposé à toute une gamme d'interprétations par les gens et les institutions qui ne vous comprennent, ne vous interprètent pas toujours correctement. Il ne m'a jamais été facile, ça ne l'est pas encore aujourd'hui, de continuer à avancer dans l'enthousiasme, lorsque des interprétations négatives ou erronées sont faites de mon œuvre.

J'ai appris que, si vous êtes un leader, vous devenez le point de mire de tous. Vous êtes, pour parler comme un militaire, au bout du canon. Il est impossible de se trouver à la pointe de la bayonnette sans se faire piquer.

Les compliments, faits avec sincérité, les encouragements me sont d'un énorme soutien. Ils me tiennent en forme. Lorsqu'ils font place à des critiques cyniques, mal informées, mal inspirées, mal réfléchies, je dois retourner à la Source ultime. Je dois retourner à Dieu dans mes prières, à Dieu qui m'instruit et m'inspire, car la prière est cette puissance qui répare tout.

Dans le *Reader's Digest* de décembre 1982 est paru un merveilleux petit texte philosophique qui pourrait vous inspirer. Son titre:» «Quand même».

Les gens déraisonnent, sont illogiques et égoïstes.
Aime-les quand même.

Si tu fais le bien, les gens t'accuseront de nourrir des ambitions personnelles.
Fais le bien quand même.

Si tu réussis, tu vas te gagner de faux amis et de vrais ennemis.
Réussis quand même.

L'honnêteté et la franchise te rendent vulnérable.
Sois honnête et franc quand même.

Le bien que tu fais aujourd'hui, demain sera oublié.
Fais le bien quand même.

Les meilleurs, ceux qui voient le plus grand, peuvent être abattus par les médiocres aux vues courtes.
Vois grand quand même.

Les gens préfèrent les inférieurs, mais ne suivent que les chefs.
Lutte pour des inférieurs quand même.

Ce qui t'a coûté des années à bâtir peut, en une seule nuit, être détruit.
Bâtis quand même.

Donne ton cœur au monde et il te montrera le poing.
Donne ton cœur quand même.

La morale de cet écrit philosophique est que vous devriez trouver joie et lumière en accomplissant la volonté de Dieu sans tenir compte de la réaction ni de l'interprétation des gens. Par-dessus tout, «sois fidèle à toi-même». Confiez-vous dans le Seigneur et *Il renouvellera vos forces*!

La prière est le cordon ombilical qui vous permet, avec le germe de vos idées, de vous alimenter aux richesses d'une source que, tel l'enfant à naître, vous ne pouvez ni voir, ni comprendre, ni pleinement connaître: Dieu, notre Père dans les Cieux! La prière est cette puissance, cette solution à tout.

Inspiré par la prière, prenez en main votre problème sans attendre. Confiez-le à Dieu. Prenez une feuille de papier. Préparez-vous à recevoir les idées dans votre esprit. Préparons-nous ensemble à passer à l'action!

TROISIÈME PARTIE

C'EST LE PREMIER PAS QUI COMPTE

10

L'alphabet de l'action

Dans les temps difficiles, les gens perdent souvent l'aptitude à concevoir l'avenir de façon optimiste. Ils sont portés à y penser négativement.

Ils oublient que les orages passent. Ils s'hypnotisent sur les difficultés d'aujourd'hui au lieu de penser aux promesses du lendemain. En agissant ainsi, ils se privent non seulement du potentiel d'aujourd'hui mais des beautés de demain. Voilà la tragédie réelle des temps difficiles.

Frank Sinatra me l'a dit: «Monsieur Schuller, vos messages sont un vrai baume pour mon esprit. Curieusement, chaque fois que je vous écoute, je retrouve le courage d'avancer vers demain.»

Je dois bien lui reconnaître le crédit de ces mots, mais j'aurais voulu, moi, y penser: «... le courage d'avancer vers demain.» S'il est une chose que je pourrais donner à chacun, c'est le courage d'avancer vers demain. Vous n'avez probablement pas besoin que des occasions s'offrent; elles s'offrent déjà. Il ne vous faut que le courage de vous avancer vers demain et de les saisir.

Peu importe votre âge, si vous voulez que votre vie s'épanouisse, vous devez avoir le courage d'avancer vers demain.

La semaine dernière, un petit garçon de six ans s'est approché de moi pour me dire: «Monsieur Schuller, pourrais-je avoir votre autographe? Pourriez-vous écrire quelque chose de spécial? Je serai moi aussi un prêcheur quand je serai grand.» N'est-ce pas formidable? Six ans, et il a déjà un projet.

Je n'oublierai jamais grand-mère Finley. Je l'ai rencontrée un été alors que je travaillais sur le *Campus Afloat Ship* du Chapman College d'Orange, en Californie. J'étais professeur de philosophie et d'histoire. Parmi nos étudiants se trouvait madame Finley.

Nous l'appelions tous grand-mère Finley parce qu'elle avait quatre-vingt-quatre ans. Elle avait voyagé dans le monde entier depuis la deuxième guerre mondiale. Je me rappelle que, parmi ses voyages, elle avait fait six visites en Union soviétique.

Des gens, en Nouvelle-Zélande, avaient entendu parler d'elle; aussi, lorsque nous avons accosté à Auckland, les journalistes attendaient-ils grand-mère Finley.

Il s'est trouvé que j'ai entendu l'entrevue. Un reporter a demandé: «Grand-mère Finley, est-il vrai que vous avez fait six voyages en Russie?»

«Oui.»

«Est-il vrai que, depuis trente-quatre ans, vous avez voyagé dans un pays différent chaque année?»

«Oui», a-t-elle répondu.

« Et est-il vrai que vous avez quatre-vingt-quatre ans ? »

« Oui. »

Alors le reporter a dit : « J'imagine que vous en êtes à votre dernière croisière. »

Elle a été choquée, s'est sentie offensée. Elle a répondu : « Ma dernière croisière ? Certainement pas ! J'appartiens au club des TPTVE. »

« Le club des TPTVE ? »

« C'est le club des T'as Pas Tout Vu Encore. Je ne vais rien rater. Mon autocar va partir. Adieu. » Elle est partie en sautillant.

Que vous ayez six ou quatre-vingt-quatre ans, vous avez un avenir. Vous pouvez le percevoir de façon positive et en tirer le maximum, ou bien vous pouvez le rejeter.

Il n'y a pas longtemps, j'ai pris un taxi à New York pour me rendre de Manhattan à Long Island. Au cours de ce voyage d'une heure, j'ai travaillé sur l'allocution que j'allais faire. J'ai pris ma feuille de route pour mon séjour de trois jours dans cette ville et me suis mis à écrire des notes au verso.

J'ai relu les notes que je venais de prendre. Insatisfait, irrité par ce que je venais d'écrire, j'ai déchiré cette feuille, ai déposé les morceaux sur la banquette et me suis remis à écrire sur la deuxième page. J'ai été satisfait des résultats de cette nouvelle tentative.

Quand je suis arrivé à destination, je suis sorti de la voiture et, tout à coup, je me suis souvenu de cette feuille que j'avais laissée sur la banquette et qui me donnait mon emploi du temps pour le lendemain. J'ai dit : « Eh, il faut que je reprenne ça. » En la récupérant, j'ai ajouté : « J'ai failli jeter une partie de demain ! »

Tel est peut-être votre problème. Peut-être avez-vous jeté une partie de vos lendemains. Peut-être avez-vous une idée stimulante que vous avez négligé d'exploiter. Vous l'avez écartée sans y penser.

Toute idée mérite d'être étudiée. La plupart justifient que des actes les suivent. Le pire gaspillage est celui d'une idée valable. Et je vous demande maintenant : Est-il une idée précieuse dans votre vie que vous n'avez pas exploitée ?

Tout le monde a en soi une idée qu'il a négligé de mettre en pratique. S'arrêter de fumer, par exemple. Perdre du poids. Faire de la gymnastique. Aller à l'église. Accepter que Jésus-Christ est notre Seigneur et notre Sauveur. Lire la Bible, ce que vous n'avez peut-être jamais fait. Se lancer en affaires. Retourner aux études. Adopter une attitude positive face à votre mariage, écarter les sentiments négatifs qu'il vous inspire depuis trop longtemps. Arrêter de boire. Je ne la connais pas, mais chaque personne, je n'en doute pas, a une idée de quelque domaine où elle devrait agir pour s'améliorer. Voilà donc une excellente idée.

Et maintenant, qu'allez-vous faire de cette idée ? L'Amérique est connue pour son gaspillage. Nous gaspillons l'argent, l'essence, l'énergie, le temps, les vêtements et le papier. Mais rien n'est pire que le gaspillage d'une bonne idée ! Si donc vous avez une bonne idée à l'esprit présentement, ne la gaspillez pas !

Comment éviter de la gaspiller ? C'est très simple : commencez à la mettre an action !

J'ai suivi une fois un cours de composition littéraire et je dois avouer que j'y ai reçu une très mauvaise note. Mon professeur a dit : « Bob Schuller, je crois que vous pourrez vous faire une situation en parlant ; vous parlez bien. Mais ne tentez jamais d'écrire. » Que Dieu le bénisse.

Je me suis rappelé ses paroles négatives lorsque, il y a quelques années, quelque chose m'a dit en moi que je devrais mettre mes pensées par écrit. J'étais certain que je devrais écrire un livre. Mais je me suis dit : *Je suis incapable d'écrire un livre ; des gens plus qualifiés que moi me l'ont dit.* Et puis cette pensée m'est revenue à l'esprit : C'est le premier pas qui compte. J'ai donc pris une feuille de papier où j'ai tapé : « *Allez de l'avant grâce à la conscience du possible,* de Robert Schuller. » J'ai acheté un classeur et y ai placé la page de titre. C'est le premier pas qui compte ! Avant de dire ouf, le livre était écrit !

Ce n'est pas parce que vous avez échoué dans une matière qu'il vous est *impossible* d'obtenir de bonnes notes.

Depuis, mes réussites sont dues dans une large part à cet unique adage : C'est le premier pas qui compte ! Vas-y ! Toute réussite a son début !

Quel type de personne êtes-vous ? On entend souvent cette question : Comment traitez-vous les autres ? Question autrement importante : Comment traitez-vous les idées ?

Traitez les idées comme les nouveau-nés.

Traitez-les tendrement...
On peut les tuer si rapidement.
Traitez-les doucement...
Elles sont si vulnérables.
Traitez-les avec respect...
Ils se pourrait bien qu'elles soient la chose la plus précieuse de votre vie.
Soignez-les...
Ne les laissez pas s'éloigner.
Nourrissez-les...
Nourrissez-les bien.
Protégez-les contre les microbes...
Les microbes des pensées négatives.
Montrez-vous responsable!
Réagissez! Agissez! Faites donc quelque chose d'elles!

R.H.S.

Comment traite-t-on les bonnes idées? En les mettant *en pratique,* voilà comment!

Décidez de prendre des décisions

S'occuper de ses idées, c'est prendre quelque décision. C'est le premier pas qui compte! Pour faire ce premier pas, vous devez faire quelque chose *sur-le-champ.*

Que fait-on quand on a une bonne idée? Il suffit d'observer les différentes réactions des gens devant les bonnes idées;

1. Les gens inquiets hibernent. Ils fuient les bonnes idées. Ils craignent d'échouer ou d'avoir à faire trop d'efforts. Et, comme l'ours qui, au premier souffle de l'hiver, queue baissée, part se cacher jusqu'au retour de la

lumière bien des mois plus tard, certaines personnes hibernent.

2. Les paresseux se dissipent. Ils ne prêtent pas grande attention aux idées. Ils veulent jouir des plaisirs de la vie. Ils deviendront sérieux plus tard, probablement avec l'âge. Peut-être même découvriront-ils la religion.

3. Les gens blessés par la vie s'apitoient. Ils disent: « Oh, c'est une bonne idée, mais je n'y peux rien. J'ai essayé si souvent. J'ai tenté de perdre du poids. J'ai essayé toutes sortes de régimes, mais je n'arrête pas de grossir. » Ou bien: « J'ai déjà essayé vingt fois d'arrêter de fumer, j'ai même jeté les paquets de cigarettes à la poubelle. » Ou encore: « J'ai essayé d'arrêter de boire, mais pas moyen. » Ou enfin: « J'ai essayé de m'entendre avec ma femme, mais nous nous disputons toujours. » Ne vous apitoyez pas sur votre sort.

4. Les fous remettent au lendemain. « Plus tard, quand je serai prêt, mais pas encore, c'est trop tôt. » Permettez-moi de vous dire quelque chose qui pourrait transformer votre vie: N'attendez pas d'être prêt pour prendre des grandes décisions, vous n'accomplirez jamais la moitié de ce que vous pourriez faire. La différence entre les gens actifs et les passifs tient en ceci: Les actifs prennent presque toujours des décisions avant d'être prêts à agir.

Qui peut honnêtement affirmer qu'on est prêt pour le mariage lorsqu'on se marie ? Quand j'y pense, je n'y étais pas prêt. Le jour où je suis devenu membre d'un temple, avec mes seize années, à la campagne dans le nord-ouest de l'Iowa, j'ai entendu le pasteur dire: « Le jour du Salut, c'est aujourd'hui », et je me suis dit: *C'est vrai, révérend, vous avez absolument raison.* Je ne sais pas ce qui s'est passé, mais je me suis levé de mon banc et j'ai donné ma vie à Jésus-Christ. Mais, vous savez, je n'étais pas prêt pour relever les défis, affronter les tentations, les problèmes qui allaient se présenter sur mon chemin. N'attendez pas d'être prêt, vous n'agirez jamais!

5. Les sages s'engagent. Ce sont des gens qui agissent sur-le-champ. L'herbe ne pousse pas sous leurs pieds. C'est pourquoi ils ne gâchent pas la chose la plus précieuse au monde : une bonne idée. Ils ne ratent pas un bon moment, une bonne occasion.

Comment traitez-vous vos bonnes idées? N'hibernez pas. Ne vous dissipez pas. Ne vous apitoyez pas sur vous-même. Ne remettez pas au lendemain. Engagez-vous dans cette idée inspirée par Dieu. Vous pourrez ainsi devenir la personne que vous voulez être!

Comment s'engage-t-on? Comment s'y prend-on? Permettez-moi de vous donner cette indication : N'attendez pas l'inspiration. Faites usage de votre tête et le cœur suivra. N'attendez pas de vous sentir d'humeur à agir. Si vous attendez, vos émotions vous entraîneront et non votre raison. Il est fréquent que deux personnes auxquelles la raison dit qu'elles sont faites l'une pour l'autre se marient et découvrent peu à peu l'amour là où il n'existait pas.

Il m'est souvent arrivé, face à une idée, de dire : « Je vais en faire quelque chose », alors même que je ne me sentais pas d'humeur. Quand j'ai commencé à écrire ce livre, je ne me sentais pas d'humeur! Si j'avais attendu que l'inspiration vienne, rien ne serait arrivé. Prenez l'avis d'un auteur publié : Fixez-vous une heure précise

C'est le premier pas qui compte !

pour vous attabler à votre machine à écrire et taper. Vous ne serez peut-être pas d'humeur au début, mais l'inspiration ne tardera pas à venir.

Peut-être voulez-vous suivre un régime, mais vous n'en avez pas envie. Vous attendez d'être d'humeur. Non! Disciplinez-vous toute une journée, puis deux jours, et savez-vous? Au bout de deux jours, vous serez d'humeur! Faites usage de votre tête, et votre cœur suivra!

J'ai appris autre chose: je peux faire tout ce que je pense être capable de faire... mais je ne peux rien faire seul. J'ai enseigné cela, l'ai prêché, l'ai écrit, l'ai essayé, et c'est vrai. J'ai toujours besoin que quelqu'un m'appuie! N'essayez pas de réaliser vos rêves tout seul. Ça ne marchera pas.

La victoire commence au premier pas, et le premier pas commence par une simple action.

Faites quelque chose de bon d'une bonne idée. Quoique vous ayez à faire, amélioration personnelle, rêve, objectif, engagement pour Jésus-Christ, je veux que vous le fassiez. Décidez que c'est aujourd'hui le jour où vous allez passer à l'action!

Votre existence aujourd'hui n'est rien de plus que l'ensemble des produits de vos choix antérieurs. Je veux ajouter ici: les décisions d'aujourd'hui sont les réalités de demain.

Planifiez votre avenir car vous aurez à y vivre. Ce qui veut dire que vous devez être assez mûr pour modifier vos décisions. Montrez-moi une personne qui ne change jamais d'avis et je vous montrerai quelqu'un d'entêté, d'enfantin, manquant de maturité.

Pour vraiment réussir dans la vie, tout ce que vous avez à faire, c'est 1) faire le premier pas et 2) ne jamais renoncer. Voilà les deux seules décisions que vous devez prendre pour devenir la personne que Dieu veut que vous soyez !

Je voudrais attirer votre attention sur ce précieux verset des Écritures : «Il dit en effet : *Au moment favorable, je t'ai exaucé ; au jour du salut, je t'ai secouru.* Le voici maintenant le moment favorable, le voici maintenant le jour du salut.» (2 Co 6 ; 2)

Vous ne pensiez pas, quand vous vous êtes levé ce matin, qu'aujourd'hui serait le jour où votre vie changerait, n'est-ce pas ? Mais c'est ce qui va se passer, parce que la seule chose qui vous sépare d'une grande réussite dans la vie, c'est ceci : faire le premier pas et ne jamais renoncer ! Vous pouvez régler votre plus gros problème en faisant le premier pas, ici, maintenant.

Nous allons, ensemble, créer un *alphabet de l'action*. À chaque lettre de l'alphabet sera assigné un ou des mots de la conscience du possible : un verbe, un nom ou un adjectif ; des mots positifs, des mots actifs. Par exemple, pour la lettre A :

Attaquez votre problème avec courage et vos possibilités avec enthousiasme.

Auscultez le marché sur ses besoins insatisfaits ; les *maîtres* sur la façon de mettre un produit au point ; votre *esprit* et votre *cœur* sur vos motivations réelles et le prix que vous êtes prêt à payer.

Ajoutez à vos forces. Vous pouvez voir. Vous pouvez entendre. Vous pouvez lire. Vous pouvez téléphoner. Vous avez plus de forces que vous ne croyez.

Adaptez votre esprit au mouvement de la réalité. Vous n'agirez pas tant que vous ne l'aurez pas fait.

Acceptez les réalités négatives inchangeables. Acceptez également le fait que vous pouvez réussir, d'une façon ou d'une autre, de toute façon. J'ai un ami à Hong Kong, David Wong, qui garde en face de lui sur son bureau ces mots : « Alléluia de toute façon ! »

Tandis que vous suivrez cet alphabet, je veux que vous pensiez à vos propres mots. Je vais vous en donner un dans chaque cas et laisserai des blancs pour que vous puissiez en ajouter. Priez sincèrement que Dieu vous donne le juste verbe (ce pourra être le même que celui que je vous aurai proposé ou un autre). Puis engagez-vous dans la voie qu'Il veut que vous suiviez. Grâce à l'Esprit saint de Dieu qui oriente votre esprit et votre existence, vous allez participer à la rédaction de ce dernier chapitre. Vous allez vous y unir à Dieu. Ce livre sera alors vraiment la réponse à la prière suivante : « Seigneur, inspire-moi quand persévérer et quand renoncer, et la grâce de prendre la décision juste dans la dignité. Amen. »

Quels que soient les mots que vous allez choisir, retenez ceci : *Choisissez des mots positifs, et non négatifs.* Les mots positifs produisent des effets positifs. Les mots négatifs produisent des effets négatifs. La différence ? Comment décider qu'un mot est positif ? Le sentiment vous le dira.

Oui, vous pouvez sentir l'humeur qu'ils déclenchent. Les mots positifs inspirent des émotions positives : *moral, courage, optimisme, foi, confiance.* Les mots négatifs, au contraire, stimulent des émotions négatives : *suspicion, peur, détresse, colère, doute, dépression, tristesse, souci, jalousie.*

Retenez ceci : *les mots que vous allez choisir vont modifier votre humeur pour le meilleur ou pour le pire.* Les architectes disent : « Le client forme l'espace, puis l'espace forme le client (l'occupant du lieu). » Faites un tri soigneux de ces mots et vous allez façonner, manipuler de façon créative et constructive vos dispositions d'esprit et votre personnalité. Vous, et seulement vous, pouvez tracer les plans de votre personnalité. Faites-la grande, mettez-y de la joie. Car vous devez y vivre. Désormais, votre personnalité va modeler votre destinée. Ces mots vont vous augmenter ou vous mutiler. Choisissez-les soigneusement et de façon positive.

A   Affirmez

Affirmez que vous êtes capable. Vous êtes capable de vous trouver un emploi. De changer de carrière. De réapprendre à marcher. De vous rétablir, de ne pas passer le reste de vos jours à l'hôpital. Vous êtes capable. Vous pouvez réussir. Mais commencez par affirmer : *Je mérite de réussir tout autant qu'un autre.*

Tout être reçoit de Dieu un don à sa naissance : le *privilège* de mériter la réussite. Les gens ne sont pas placés plus haut que vous sur l'échelle du succès en vertu d'une faveur de Dieu. Vous valez autant qu'eux. Si vous ne le croyez pas, c'est votre problème. J'espère, si c'est le cas, que je vais vous aider à le résoudre. Il vous faut affirmer : *Je mérite de réussir;* et *Je suis capable de réussir.* Tout être possède un don latent, inné. Il a probablement besoin d'être affûter, modelé, exercé et raffiné, mais c'est possible.

Si vous doutez de vos capacités, je peux vous montrer des gens qui ont appris à croire dans leurs talents limités, assez pour réussir bien mieux que les experts ne le croyaient. Dans une institution réservée aux enfants sérieusement retardés, à Mitchell, Dakota du Sud, j'ai vu des enfants souffrant du syndrome de Down, d'un quotient intellectuel de 36, écrire des phrases complètes avec verbes, noms et prépositions. Il existe de vastes champs en friche dans la plupart des esprits handicapés. La raison pour laquelle tant de personnes « handicapées » ne développent pas leurs talents latents tient à ce que les autres ne croient pas qu'elles en soient capables. J'ai entendu des gens dire : « Ne perdez pas votre temps avec eux. » C'est là une triste attitude.

Je n'oublierai jamais Gail Bartosh. Son souvenir sera toujours pour moi une source d'inspiration. Elle est morte il y a à peine quelques mois et elle manque à nombre d'entre nous. Gail souffrait du syndrome de Down. Elle avait passé vingt-six années dans notre temple où son père était membre du conseil. Elle croyait dans ses moyens et, les dix dernières années de sa vie, se créa son propre emploi, reçut un salaire et se prit en charge. Elle travaillait dans une garderie et, chez nous, comme concierge. Les gens l'adoraient !

Affirmez. Tout le monde peut valoir quelque chose à la condition de s'affirmer, d'affirmer ses talents. Inscrivez maintenant votre propres verbes de la réussite.

A _____

_____

_____

B   Bûchez

Il n'y a que le travail qui vaille.

Rien ne remplace le *travail*.

L'autre soir, ma femme et moi avons invité à dîner le grand pianiste Roger Williams pour le remercier d'avoir présenté ses talents au temple. À dix heures, il a dit : «Bon, je dois vraiment partir. Je dois travailler.»

«Travailler ? À cette heure ?»

«Oui, c'est une répétition. Je vais rentrer chez moi et répéter jusqu'à deux heures du matin. Je dormirai alors trois ou quatre heures, et puis je me lèverai et répéterai encore deux heures.»

«Faites-vous cela tous les jours ?» lui ai-je demandé.

«Oh, oui, tous les jours.»

Les gens qui occupent le sommet de l'échelle travaillent plus fort que la majorité. Pourquoi ? Parce qu'ils ont pris l'habitude de travailler dur. Rien ne remplace le travail. Le succès, c'est le t-r-a-v-a-i-l.

Si vous avez échoué à un cours à l'université, ce n'est pas parce que vous n'avez pas été assez intelligent. Vous ne vous êtes tout simplement pas assez appliqué. La différence de quotient intellectuel n'est pas tellement significative ; la différence réside dans l'application.

Un petit garçon dans une salopette rapiécée avait demandé à un entrepreneur de travaux publics richement habillé, tandis qu'il observait le gratte-ciel en train de pousser sous sa supervision : «Comment est-ce que je pourrai être riche comme vous, quand je serai grand ?»

Ce grand costaud avait regardé le petit garçon et lui avait répondu dans le langage bourru d'un homme parti de rien : «Achète-toi une chemise rouge, gamin, et travaille comme un damné.»

Le petit garçon, surpris, n'avait manifestement pas compris. L'homme a alors montré les ouvriers accrochés à plusieurs étages de la structure métallique et a dit : « Regarde ces gars-là. Ils travaillent tous pour moi. Je ne connais pas leurs noms. Il y en a certains que je n'ai jamais rencontrés. Mais regarde ce type à la chemise rouge. Tous les autres portent du bleu. J'ai remarqué que l'homme en rouge travaille plus dur que tous les autres. Il arrive tous les matins un petit peu plus tôt que les autres. Il a l'air de travailler plus vite. C'est le dernier à pointer le soir. On le remarque parce qu'il porte cette chemise rouge tous les jours. Je vais bientôt aller le voir et lui demander d'être mon superviseur. Je crois bien qu'il va monter tous les échelons et qu'il deviendra, qui sait, un de mes vice-présidents.

« C'est comme ça que j'ai fait, petit. J'ai décidé de travailler un peu plus fort, un peu mieux que les autres. Et si j'avais porté des vêtements de travail bleus, personne ne m'aurait remarqué. Alors, je portais toujours une chemise rayée. Je travaillais plus fort. J'étais différent. On m'a remarqué. J'ai eu des promotions. J'ai mis mon argent de côté. Et c'est comme ça que je suis arrivé où je suis aujourd'hui. »

B _____

_____

_____

C Croyez

Croyez que, d'une façon ou d'une autre, un jour, quelque part, grâce à l'aide de quelqu'un, vous pourrez atteindre vos objectifs les plus chers. Tous ces mots sont importants. *A* représente l'affirmation, bien croire en vous-même ; *B,* c'est bien croire que vous pouvez réussir, mais pas par vous-même. Vous pouvez réussir quelque part, mais pas nécessairement là où vous vous trouvez aujourd'hui. Vous pouvez réussir d'une certaine façon, même si vous devez agir différemment. Vous pouvez réussir un jour, peut-être pas aujourd'hui, pas cette année. C'est peut-être une année de transition, au cours de laquelle il vous faudra vous réarmer intellectuellement et professionnellement dans un nouveau talent, un nouveau métier.

Quel que soit votre problème, d'une façon ou d'une autre, quelque part, un jour, se présentera quelqu'un d'assez sage pour vous libérer.

C _____

_____

_____

D   Défiez

Défiez-vous d'essayer. Défiez-vous d'aimer de vous engager. Défiez-vous de courir des risques.

Si vous n'osez pas prendre de risques, vous n'avancerez jamais. Vous ne réglerez jamais vos problèmes.

En riant, on risque de passer pour un sot.
En pleurant, on risque de passer pour sentimental.
Ouvrir ses bras, c'est risquer de se lier.
Révéler vos sentiments, c'est risquer de vous exposer.
Présenter vos idées, vos rêves à la foule, c'est risquer de les perdre.

Aimer, c'est risquer de ne pas être payé de retour.

Vivre, c'est risquer de mourir.

Croire, c'est risquer de désespérer.

Essayer, c'est risquer d'échouer. Mais il faut risquer parce que le plus grand péril de la vie consiste à ne pas risquer. Les gens qui ne risquent rien ne font rien, n'ont rien, ne sont rien.

Ils peuvent bien éviter la douleur et le chagrin, ils n'apprennent pas, ne sentent pas, ne changent pas, ne grandissent pas, n'aiment pas, ne vivent pas.

Enchaînés par leurs attitudes, ce sont des esclaves; ils ont renoncé à leur liberté.

Seule la personne qui risque est libre.

D _____

_____

_____

E   Éduquez-vous

Éduquez-vous. Ne vous laissez pas tenter, comme beaucoup, à prendre des raccourcis, à éviter les années difficiles d'études sérieuses. Ce peut bien être une corvée, mais ceux qui sont trop paresseux pour apprendre, qui n'acquièrent pas les connaissances qu'ils pourraient avoir, diminuent leurs chances de succès, parce que savoir, c'est pouvoir. Au bout du compte, la personne instruite qui possède les réponses justes est celle qui produit un effet sur les puissants. Faites donc preuve d'intelligence!

Espérez

Espérez, c'est s'acharner dans la prière. C'est ne jamais renoncer, ne jamais jeter l'éponge.

Tout débutant part

gagnant !*

*Il a au moins vaincu l'inertie, la paresse, la crainte
de commencer.

Un père a dit une fois à son fils : « Fiston, faut que tu te fixes un but et que tu n'y renonces jamais. Tu te rappelles George Washington ? »

Le garçon a répondu : « Oui. »

« Jefferson ? »

« Oui. »

« Abraham Lincoln ? »

« Oui. »

« Tu sais ce qu'ils avaient en commun ? »

« Quoi ? »

« Ils n'ont pas renoncé, a répondu son père. Tu te rappelles Azador McIngle ? »

Le garçon a répondu : « Non. Qui est-ce ? »

« Tu vois. Tu ne sais pas qui il est. Il a renoncé ! »

L'*espoir*. C'est l'un des mots les plus beaux du Nouveau-Testament : «Maintenant donc demeurent foi, espérance, charité... » (1 Cor 13 ; 13)

Au congrès international de psychiatrie de Madrid, auquel j'ai assisté, l'une des principales communications portait sur le pouvoir thérapeutique de l'espoir. Des médecins, des psychiatres réputés du monde entier, s'étaient réunis pour tomber d'accord que la force thérapeutique la plus importante est l'espoir : l'espoir de guérir, l'espoir d'aimer et d'être aimé, l'espoir de réussir.

Si Carol Lovell est aujourd'hui vivante, c'est qu'elle avait l'espoir. Les médecins attribuent sa guérison de cinq blessures par balles dans la tête, entre autres facteurs, à l'espoir.

Le 4 septembre 1981, Carol se rendit de bonne heure au restaurant qui l'employait comme comptable. Le bâtiment était vide et elle utilisa sa clé pour entrer. Elle ne tarda pas à entendre frapper à la porte et elle reconnut le nouveau gardien.

Elle ouvrit et il commença à la battre, exigeant qu'elle ouvre le coffre-fort : « Tu es morte si tu n'ouvres pas le coffre. »

Carol ouvrit le coffre et lui donna l'argent. *Maintenant,* s'est elle dit, *il a ce qu'il veut. Il va s'en aller.*

Mais l'homme n'en avait pas fini avec Carol. Il la poussa dans la toilette, la viola et lui tira deux balles dans la tête.

On ne sait trop comment, Carol réussit à ne pas perdre connaissance. Certaine qu'elle allait mourir de ses blessures, elle pria : « Seigneur, aide-moi. Je ne sais pas comment mourir. J'ai peur. Donne-moi la force de mourir. Montre-moi comment. » Et, tout à coup, elle fut capable de se remettre sur ses pieds. Elle pensa : *Je veux vivre; je ne veux pas mourir.* Elle courut vers la salle du restaurant, y décrocha le mauvais téléphone, comprit qu'elle ne pouvait pas appeler à l'extérieur. Elle fut prise de panique quand elle prit conscience de son erreur, retourna au bureau et appela un ami. Elle lui demandait d'appeler une ambulance lorsque l'homme revint.

Voyant Carol, il tira trois fois encore. Elle s'écroula, et la police et l'ambulance la découvrirent gisant sur le sol.

Elle resta calme, alerte, décrivit son agresseur et informa les brancardiers qu'elle portait des verres de contact. Elle était si calme en fait que les médecins purent prendre le temps de déterminer quelle était la meilleure méthode pour extraire les balles de sa tête.

Sa sœur, Linda, arriva et se mit à lui communiquer l'espoir et des instructions positives. Elle dit à Carol : « Tout va aller bien. Tu vas tenir le coup. Ne laisse pas ton sang couler. »

Curieusement, son cerveau n'a pas enflé, réaction courante à ce types de blessures.

Carol resta des semaines aux soins intensifs, ses sœurs continuant de l'alimenter de pensées positives, de versets des Écritures.

Au bout de six mois de chirurgie, de convalescence et de thérapie, Carol parlait et marchait comme avant son accident. La seule séquelle de cette agression est un de ses bras qui est un peu raide.

Que Carol ait survécut est incroyable. Elle attribue son rétablissement à l'espoir. Comme elle me l'a confié : « J'ai tenu le coup grâce à la prière et à la pensée positive ! »

Après la pluie, le beau temps. Si vous voulez réussir, conquérir, alors espérez, tenez bon, priez !

E _____

_____

_____

F   Fouillez

Fouillez les talents, les possibilités, le temps, l'argent, la méthode. Considérez ce verset de la Bible : « C'est la gloire de Dieu de celer une chose. » (Pr 25 ; 2) Dieu n'expose pas tout au grand jour. Non. Les diamants sont enfouis dans la terre. Les perles sont cachées dans les huîtres. De longues mines mènent à l'or. Vos talents réels gisent au plus profond de vous et vous ne les avez peut-être pas encore découverts.

« C'est la gloire de Dieu de celer une chose. » Pourquoi ? Parce que cette « chose » est bien plus fascinante et riche de sens si vous avez dû fouiller pour la découvrir.

Vous avez un grand potentiel profondément enfoui en vous. Il attend d'être découvert. Il peut se dissimuler au cœur d'un problème, être enfoui dans une tragédie personnelle. Votre plus grande chance réside peut-être aujourd'hui dans la difficulté des temps. Mais découvrez la puissance positive du problème que vous affrontez présentement. Trouvez l'aide qui vous attend, pour vous aider à réussir.

Il existe un vieux proverbe romain : « Là où il n'y a pas de chemin, nous en trouvons un, en construisons un. » L'étude des voies romaines nous confirme qu'ils avaient bien adopté cette attitude.

F _____

_____

_____

G Générosité

Une attitude *généreuse* est le secret d'une vie réussie. Lorsque vous adoptez l'attitude de celui qui « veut ce qu'il veut au moment où il le veut », les gens le remarquent et s'écartent. Un avocat de mes amis m'a dit qu'il avait appris à déceler les motivations des gens.

Le secret de la réussite est simple. Adele Scheele, l'experte bien connue en orientation professionnelle, l'a bien dit : « Si vous travaillez pour une compagnie, votre objectif devrait être le succès de cette entreprise, sa productivité, son efficacité. » Lorsque vous donnez plus que vous n'en recevez dans votre chèque de paye, alors vous êtes près de vous faire remarquer.

Une légende nous raconte l'histoire de l'homme qui, perdu dans le désert, mourait de soif. Il avait péniblement atteint une cabane abandonnée. À l'extérieur de cette ruine sans fenêtres, laissée aux intempéries, se trouvait une pompe. Il s'était mis à pomper furieusement, mais en vain. C'est alors qu'il remarqua une bouteille fermée d'un bouchon et accompagnée d'une note : « Il faut amorcer la pompe avec de l'eau, mon ami. P.S. : Et remplissez la bouteille avant de partir. » Il tira le bouchon et s'aperçut que la bouteille était pleine d'eau.

Devait-il la verser dans la pompe ? Et si elle ne marchait pas ? Il aurait perdu toute l'eau. S'il la buvait, il serait certain de ne pas mourir de soif. Mais la verser dans la pompe rouillée sur la foi de la mince instruction écrite sur la note ?

Quelque chose lui dit de suivre l'avis et d'adopter la décision risquée. Il versa toute la bouteille et se mit frénétiquement à pomper. Il en sortit bien sûr de l'eau à profusion ! Il avait largement à boire. Il remplit à nouveau la bouteille, mit le bouchon et, sous les instructions, ajouta ses propres mots : « Croyez-moi, ça marche vraiment. Il faut tout verser avant de pouvoir obtenir quelque chose. »

Ce principe a été bien illustré par l'apôtre Paul : « Qui sème chichement moisonnera aussi chichement ;

qui sème largement moissonnera aussi largement.»
(2 Cor 9; 6)

Si vous voulez réussir, vous devez foncer, apporter
tout ce que vous avez.

Les gens qui réussissent vraiment sont les gens qui
font un effort supplémentaire, qui dépassent leurs limites
habituelles. Il existe un principe: On se découvre de nouvelles ressources chaque fois qu'on pousse plus loin
qu'on ne l'a jamais fait. Il existe des couches plus profondes d'énergie, de talent, de créativé en vous, qui attendent d'être exploitées. Personne ne découvre tout son
potentiel ni ne l'exploite pleinement. Personne ne creuse
jamais le puits le plus profond. Chacun, dans les limites
de sa vie, n'atteint jamais ses talents, ses possibilités les
plus profondes enfouies bien en-dessous de la surface de
sa propre conscience.

G _____

_____

_____

H   Humour

Vous devez garder le sens de l'humour, être capable
de *rire* de vous-même. Connaissez-vous l'histoire d'Oral
Roberts, Billy Graham et Robert Schuller? L'histoire
veut qu'ils soient tous morts plus tôt que prévu. Pierre les
accueille au portail: «Je suis désolé, les amis. Les chambres ne sont pas encore prêtes. Il va nous falloir attendre
en enfer qu'elles soient prêtes.»

Il ne se passe pas longtemps que Satan appelle:
«Pierre, presse-toi, sors ces types d'ici. Oral Roberts soi-

gne les malades. Billy Graham sauve les âmes et Robert
Schuller a lancé une campagne de financement pour cli-
matiser l'enfer!»

Croyez-moi, vous ne pourrez pratiquer la conscience du possible avec succès si vous n'êtes pas capable
de rire de vous-même et des difficultés de l'existence. Si
vous conservez votre sens de l'humour, si vous riez, vous
serez alors capable d'amour. Je crois vraiment qu'il n'est
pas possible d'aimer si on ne sait pas rire au préalable.
Les gens qui essaient d'aimer avant de savoir rire se prennent trop au sérieux.

Il existe trop de versions frelatées de l'amour, trop
de gens qui disent: «Je t'aime parce que j'ai besoin de
toi», ou «Je t'aime parce que je te veux.» Ces versions
possessives de l'amour ne sont pas réelles. On cherche à
obtenir quelque chose de l'autre au lieu de lui *donner*
quelque chose. Lorsque vous riez, vous pouvez aimer:
vous aimez alors les gens à cause de leur besoin de vous et
de la joie que vous pouvez mettre dans leur vie.

H _____

_____

_____

I Imaginez

La conscience du possible est réellement l'exercice
dynamique, créatif, sanctifié, de l'*imagination*.

Sir Edmund Hillary, qui tenta de vaincre l'Everest
en vain, perdit l'un des membres de l'expédition, lors de
cette tentative. Il fut accueilli en héros à Londres. Un

banquet tenu en son honneur réunit les lords, les ladies, les personnages puissants de l'empire britannique.

Derrière l'estrade étaient affichés d'énormes agrandissements du mont Everest. Lorsque Hillary se leva pour recevoir les applaudissements du grand monde, il alla se placer face à la montagne et dit : « Everest, tu m'as vaincu. Mais je reviendrai. Et je te vaincrai. *Parce que tu ne peux pas devenir plus grand, mais moi, je le peux.* »

J'ai fait dernièrement un entraînement rigoureux pour une course de fond. Sur les huit kilomètres que je faisais chaque jour au cours de ces deux semaines se trouvait une montée très difficile. Le premier matin, j'ai presque été obligé de marcher. Le deuxième matin, ç'a été bien plus facile. Le troisième matin, je me suis dit que ça allait mieux. Le cinquième matin, en m'approchant, je me suis mis à me répéter un verset de la Bible : « Que toute vallée soit comblée, toute montagne et toute colline abaissées. » (Is 40 ; 4)

Puis, je me suis rappelé la réflexion de Hillary et me suis dit : Dieu va me donner des forces. Dieu va m'aguerrir. Cette montée est vraiment difficile. Mais *elle ne peut pas devenir plus dure ; moi, par contre, je le peux.* J'ai été étonné de constater comme je suis arrivé à la monter facilement, du moment que j'ai mis mon esprit sous le contrôle de ces pensées positives.

Imaginez des solutions à vos problèmes. Imaginez que vous escaladez votre montagne. Imaginez-vous à la ligne d'arrivée.

I   _____

_____

_____

J   Jetez

Jetez les aliments inutiles de votre esprit. Pour garder vivant l'espoir, pour imaginer de façon créative, vous devez jeter ces tas d'aliments inutiles que nous imposons à notre esprit et à nos émotions. Que sont ces mauvais aliments émotionnels? Ce sont les apitoiements: «Pourquoi est-ce que ça arrive à moi?» C'est la jalousie: «Je ne crois pas qu'il soit si bon que ça. Il aurait dû être renvoyé, pas moi.» Ce sont les tourments et l'angoisse. C'est la peur. Les pensées négatives issues des préjugés raciaux sont aussi des aliments pernicieux pour l'esprit. Il se peut que des gens aient essayé de vous humilier à cause de votre couleur ou de vos origines ethniques, mais vous n'avez pas à vous laisser vaincre.

Mon ami Jester Hairston est un homme précieux pour l'Amérique, une institution internationale. Il n'existe pas un seul chœur de jeunes qui n'ait pas chanté une de ses compositions ou l'un de ses arrangements en Amérique. Il est hors de tout doute le premier compositeur et créateur d'arrangements de Negro spirituals. Je lui ai demandé: «Comment appelez-vous cette musique?»

Il a souri: «Nègre, de couleur, noire, afro-américaine.»

«Jester, avez-vous déjà été victime de préjugés raciaux?»

«Toute ma vie. Mais je ne vois absolument pas pourquoi je devrais en tenir compte. Je me suis appliqué à survivre. Je ne peux pas les ignorer, mais j'ai essayé de les surmonter. Et je ne nourris pas la haine de certains.»

Jester a appris à jeter les aliments nuisibles de son esprit. Il a appris à s'élever au-dessus des préjugés. Aussi a-t-il été un bâtisseur de ponts. Sa musique, insirée par le folklore des premiers Noirs américains, est chantée dans le monde entier.

J _____

_____

_____

K K.-O.

Mettez knock-out la dépression, le découragement, les prophètes de malheur. Vous ne pouvez peut-être pas contrôler tout ce qui vous arrive, mais vous pouvez contrôler vos réactions. Même si votre médecin vous a annoncé le pire, vous n'êtes pas obligé d'aller au tapis. Vous pouvez relever le défi et lutter. Vous pouvez vaincre, peut-être la maladie, en tout cas la dépression.

Personne n'a su lutter contre le cancer et le vaincre plus couragement que la ravissante Marguerite Piazza. Cette femme extraordinaire m'a envoyé un enregistrement sur cassette de son histoire. J'ai passé cette cassette lors d'un voyage en voiture. J'ai été si ému que j'ai dû m'arrêter pour l'écouter jusqu'à la fin.

J'étais au sommet de ma carrière, je passais à New York, lorsque j'ai remarqué une rougeur sur ma joue droite. J'ai pensé que c'était juste un bouton et qu'il allait disparaître. J'ai mis un peu de poudre dessus. Mais il n'est pas parti. Chaque fois que j'allais chez le médecin pour une laryngite ou tout autre problème mineur, je parlais de cette rougeur. Il faisait un examen et répondait toujours : « Ce n'est rien. Ne vous en faites pas. » Mais elle ne voulait pas disparaître.

À cette époque, j'avais la réputation d'être une femme comblée. J'étais l'une des dix femmes les mieux habillées du monde. On me disait ravissante. J'étais l'étoile du Metropolitan. J'avais créé une pièce pour les clubs. *Variety* affirmait que c'était la naissance d'une nouvelle forme de théâtre. (Tout le monde le fait maintenant, bien sûr). J'étais mariée à un homme merveilleux, un gentleman du Sud, très amusant. Il avait tout pour lui.

Tout d'un coup, mon univers s'écroula. Billy mourut d'une crise cardiaque. Deux semaines plus tard, j'apprenais que cette rougeur était un mélanome, la pire forme de cancer de la peau. Il vous tue généralement en dix-sept mois s'il n'est pas opéré. Ils ont essayé trois opérations pour l'extraire de ma joue. Ils ne voulaient pas abîmer mon visage parce que je travaillais dans le monde du spectacle. On disait que j'étais belle, et, vous savez, vous devez être belle dans le monde du spectacle. S'ils utilisaient des moyens radicaux, je risquais de devenir Margot la Balafre.

Ces trois opérations n'ont pas suffi. Le médecin a dit : « Marguerite, si vous voulez vivre, il nous faut opérer radicalement. Vous avez le choix. Vous pouvez prendre un risque et décider contre. Vous conserverez ce faisant votre beauté et terminerez probablement dans un cercueil. Ou bien vous pouvez nous donner le feu vert. Vous aurez alors une chance de vivre. »

Ce soir-là, je devais chanter. Tous les billets avaient été vendus. La salle était pleine de gens qui étaient venus m'écouter et me voir danser.

Que faites-vous dans cette situation ? Vous faites ce pour quoi vous êtes payé. J'étais payée pour distraire les gens. J'ai donc prié que le courage me soit donné. Et chaque fois qu'il y avait un changement de costumes entre les scènes et les actes, que j'enlevais ma robe, que je l'accrochais et que j'en mettais une autre, j'accrochais mes soucis dans la penderie, les y laissais et me rendais sur la scène. Je chantais de tout mon cœur et dansais de mon mieux. Les gens adoraient ça.

J'ai donc fais ce que j'avais à faire sur scène et ce que j'avais à faire pour mes enfants : j'ai subi une opération complète. Oui, j'avais six jeunes enfants. Je n'avais ni frère ni sœur. Maintenant que leur père était parti, j'étais tout ce qui leur restait. J'ai donc promis au Seigneur que, s'Il voulait bien me laisser vivre pour m'occuper de mes enfants, je ne me plaindrais plus jamais.

J'ai subi cette opération. Ils ont enlevé toute ma joue, tous les ganglions de mon cou, l'artère carotide et le muscle de mon épaule droite. J'étais le spectacle le plus triste que vous puissiez voir.

Je suis rentrée chez moi. J'ai montré à mes enfants ce qui était arrivé et je leur ai expliqué que tout allait aller pour le mieux. Ils avaient été très secoués par la mort récente de leur père. Oui, monsieur, tout allait s'arranger! Je ne savais pas si je pourrais refaire des spectacles. Cela demande beaucoup de force d'âme et je ne savais pas si tous les gens m'accepteraient avec ce visage couturé.

J'ai subi dix ou onze opérations de chirurgie esthétique pour enlever les cicatrices. Je chante à nouveau. Je joue pour le Seigneur, et Il m'a exaucée. Il m'a fait connaître un homme merveilleux qui est devenu mon époux et un père merveilleux pour mes enfants.

Je compare mon expérience à celle d'un enfant qui est totalement absorbé dans quelque chose. Mon fils Gregory lisait un livre ou regardait la télévision et je disais: «Gregory, viens ici.» Il n'avait pas l'air de m'entendre. J'ai demandé une fois au médecin: «Pensez-vous que cet enfant est sourd?»

Il m'a répondu: «Non, bien sûr que non. C'est qu'il se concentre profondément. Mais, Marguerite, si vous voulez attirer son attention, approchez-vous de lui et secouez-le légèrement. Il vous regardera. Dites-lui alors ce que vous voulez.»

C'est ainsi que ça s'est passé entre le Seigneur et moi. Il avait besoin de mon attention. Je ne faisais pas exactement ce qu'Il voulait que je fasse. Alors Il m'a secouée, avec un second cancer. Je n'arrivais pas à y croire. Mais c'était bien ça. J'ai fait soixante-douze heures de radiations et j'ai eu une autre opération. C'est alors que j'ai appris que le stress peut vous tuer. J'en suis presque morte parce que j'étais stressée. Le stress me contrôlait.

Si j'ai appris quelque chose, c'est que l'esprit est extrêmement important. Ce sur quoi vous fixez vos pensées se manifeste dans votre vie. Si vous pensez stress *et* peur, *ils se manifesteront dans votre vie. Si vous pensez* amour *et* compréhension, *ils se manifesteront aussi et vous apporteront toutes les choses que Dieu veut que vous possédiez.*

Faites comme Marguerite, mettez K.-O. la dépression, le découragement, les prophéties de malheur. Contrôlez votre vie et votre avenir en mettant K.-O. tout négativisme.

K _____

_____

_____

L   Liez

Liez-vous à un rêve. Vous *affirmez* que vous avez été créé à l'image de Dieu, que vous avez des talents latents, que vous méritez de réussir tout autant qu'un autre, puis vous commencez à *croire* que, d'une façon ou d'une autre, quelque part, un jour, avec l'aide de quelqu'un, vous serez capable de réussir. Lorsqu'un rêve vous inspire, c'est que Dieu a envoyé la balle dans votre camp. Vous devez la relancer en vous engageant. La plupart des gens échouent à la lettre L parce que, avec tout engagement, vient le risque de l'échec. Rien n'entrave, ne ruine autant de gens que la peur de l'échec.

Un homme qui avait perdu à une élection m'a dit : « Monsieur Schuller, j'ai l'impression d'être un raté à cent pour cent. »

Je lui ai répondu : « Toute personne qui se porte candidate à un poste officiel et mène campagne, même si elle échoue, n'est pas ratée. À vrai dire, quand on a tenté quelque chose de grand et qu'on échoue, on n'est jamais un raté. Pourquoi ? Parce qu'il y a cette certitude d'avoir remporté la bataille la plus importante de l'existence : avoir vaincu la peur d'essayer. »

Les gens qui ne se présentent jamais aux élections parce qu'ils ont peur de perdre, les gens qui ne sollicitent jamais un emploi parce qu'ils craignent d'être refusés, les gens qui n'essaient jamais par crainte d'échouer, perdent la première manche. Ils ont cédé à la peur. Ils ont été mis au tapis avant même d'être montés sur le ring.

Essayez. Retournez à l'école, suivez un cours. Si vous devez échouer, il vous restera la satisfaction de savoir que vous avez vaincu la peur d'échouer. Vous aurez remporté la seule bataille qui abat les gens avant même de commencer le combat. Liez-vous, engagez-vous.

L _____

_____

_____

M   Ménagez les événements

Vous pouvez ménager les événements lorsque vous les prenez en main, parce que la conscience du possible est un autre nom pour une prise en charge dynamique par l'esprit. Vous ménagez l'événement.

Le colonel Norman Vaughan est un homme qui a mené l'une des vies les plus fascinantes qui soient. Il a ménagé l'événement. Il voulait l'aventure, alors il l'a cherchée.

Fils d'un homme prospère, Vaughan était en première année à Harvard lorsqu'il a lu dans le journal : « Byrd en route pour le pôle sud. » Il s'est senti destiné à y aller. Quelque chose lui a dit : « Vas-y. Ferme tes livres. » Ce qu'il a fait. Le lendemain, il était à la maison de l'amiral Byrd. La domestique est venue à la porte mais n'a pas voulu le laisser entrer. Elle lui a dit qu'il fallait un rendez-vous pour voir l'amiral Byrd.

Il n'était qu'un étudiant. Déçu, il a fait demi-tour, a redescendu les marches. Arrivé à la rue, il a accéléré son pas et c'est presque en courant qu'il est entré dans les bureaux du journal pour voir le journaliste qui avait écrit l'article sur Byrd. Il lui a demandé d'intercéder pour lui auprès de Byrd.

Ce fut un succès. L'amiral Byrd a accepté sa proposition.

Norman a quitté Harvard sur-le-champ. Il s'est rendu au chenil de Byrd, s'est consacré pendant un an à tous les travaux, dormant sur le sol dans une tente, l'hiver comme l'été. Pour manger, il a proposé ses services à l'auberge voisine en échange des restes de repas.

Byrd, averti des efforts de Norman, a décidé de l'emmener dans l'expédition.

Comme il avait l'expérience des traîneaux à chiens, Norman a été engagé comme l'un des cinq conducteurs professionnels. Ils ont emmené 97 chiens, 10 équipes, pour décharger les navires. Cette expédition était l'une des expériences les plus captivantes à laquelle quelqu'un pût participer. Norman y était parce qu'il avait ménagé l'événement. Byrd n'était pas venu le chercher. Son père n'approuvait pas ce départ abrupt d'Harvard, aussi ne lui a-t-il pas avancé d'argent. Norman voulait partir... il l'a fait: Il a ménagé l'événement!

Il m'a dit: « Le plus grand défi de toute l'expédition, ce fut quand Byrd m'a demandé de haler un trimoteur Ford du bateau jusqu'à Little America, une distance de 14 kilomètres. Je lui ai répondu que je ne savais pas si c'était possible, mais que j'allais essayer. Nous avons déroulé une longue haussière du bateau jusqu'à Little America, sur la neige. J'ai réuni les 97 chiens, toutes les équipes, devant l'avion. Nous avons attaché les chiens à la haussière et avons essayé de les faire avancer.

« Pour lancer une lourde charge, on soulève la corde et on la laisse retomber. Il a fallu que je me fasse aider par deux ou trois hommes. Nous avons soulevé la haussière et l'avons laissée retomber. La théorie veut que, lorsqu'il y a du mou, tous les chiens se mettent à tirer. Nous avons travaillé pendant une heure et demie et puis, tout à coup, sans que nous puissions nous expliquer pourquoi, le bateau a bougé. À ce moment exact, les 97 chiens se sont tous mis à tirer. Nous n'avons pas faibli jusqu'à Little America. Nous avons marché au pas de course devant l'avion avec nos chiens. C'était le plus grand équipage de chiens jamais réuni pour tirer une charge. »

Voulez-vous l'aventure ? Voulez-vous réaliser votre rêve ? Alors, ménagez l'événement !

M _____

_____

_____

N Négociez

Si vous voulez aller de A à Z dans l'alphabet de l'action des adeptes du possible, vous devez être capable de *négocier,* de faire des compromis. Vous ne pouvez pas imposer vos vues en toutes circonstances.

Lorsque nous avons commencé dans un cinéma en plein air il y a vingt-cinq ans, je me suis mis à rêver que j'avais mon propre temple et que j'avais un terrain de 40 acres. Lorsqu'il s'en est présenté un, cependant, nous n'en avions pas les moyens. J'ai donc négocié, j'ai fait un compromis ; j'ai décidé qu'il ne nous fallait *en fait* qu'un lot de 10 acres. C'est tout ce que nous avons acheté. Plus tard, nous y avons ajouté 10 autres acres. Plutôt quelque chose que rien du tout !

Modérez vos exigences, si c'est nécessaire. N'en soyez pas gêné. Il vaut mieux modifier ses plans quand le navire est encore à quai que, pour sauver la face, aller couler au milieu de l'océan. Acceptez de commencer plus petit et de développer vos plans avec le temps.

N _____

_____

_____

O   Oubliez les imperfections

Si vous avez réussi à atteindre O, c'est que vous êtes parvenu à découvrir que vous ne pouvez pas réussir sans une équipe. Vous ne pouvez pas aller bien loin sans cela. En d'autres termes, vous devez travailler avec les autres. Ils ne sont pas parfaits; il arrivera qu'ils vous fassent faux bond, qu'ils fassent des erreurs et, si vous exigez d'eux la perfection, vous n'allez pas rendre leur tâche aisée. Les meilleurs vont partir. Vous devez donc oublier vos propres imperfections et celles des autres. En les oubliant, vous les surmonterez.

Êtes-vous aux prises avec un problème si grave que vous ne savez comment vous y prendre? Il vous faut peut-être passer par-dessus.

Qu'est-ce que je veux dire par «passer par-dessus»? Permettez-moi de vous raconter une histoire.

Il arriva, un jour, qu'un pasteur, se promenant dans les champs, vit une vache qui regardait par-dessus un mur. Tandis qu'il l'observait, il fut rejoint par un fidèle qui lui demanda: «Quelque chose ne vas pas, révérend?»

Il répondit: «Oui, j'ai des ennuis.»

Le paysan lui dit alors: «Révérend, regardez cette vache. Qu'est-ce qu'elle est en train de faire?»

«Elle regarde par-dessus le mur.»

«Pourquoi pensez-vous qu'elle regarde par-dessus le mur?»

«Oh, je ne sais pas», répondit le pasteur.

« Elle regarde par-dessus le mur parce qu'elle ne peut pas voir à travers. »

Il me faut avouer que, au cours de ces vingt-sept années passées dans mon temple, j'ai rencontré des murs à travers lesquels je ne pouvais pas voir.

J'en suis venu à la conclusion qu'il existe des tas de problèmes qui ne peuvent être résolus. Dans mon premier livre, *Move Ahead With Possibility Thinking,* il y a un chapitre intitulé « À tout problème sa solution ». Je ne le crois plus maintenant. J'estime qu'il existe des problèmes qui ne peuvent pas être résolus. Mais tout problème peut être surmonté, modifié, façonné.

O _____

_____

_____

P Persévérez

Persévérez; ne renoncez pas. Après la pluie vient le beau temps.

Peut-être avez-vous entendu parler de Kathy Miller. Des millions de gens ont vu son histoire à la télévision. Mais je veux la partager avec vous, parce que si quelqu'un a persévéré à travers l'orage, c'est bien Kathy Miller.

Lorsque Kathy allait avoir quatorze ans, elle fut renversée par une voiture. Cette jeune fille vive, jolie, appréciée, qui aimait la course à pied, se retrouva muette et paralysée. Elle resta dans le coma pendant plusieurs semaines sans donner signe de vie.

Onze semaines après l'accident, Kathy reprit coinnaissance et dut livrer son plus dur combat. Elle avait été blessée au cerveau. Elle était comme un bébé qui doit apprendre à manger, à boire, à marcher et à parler. Lorsqu'elle eut atteint le point où elle put tenter de reprendre une existence normale, elle connut une grave déception.

Ses amis étaient maintenant à l'école secondaire. Ils avaient mûri, grandi, tandis que Kathy avait été retardée. Elle était retombée en enfance, avait perdu beaucoup de poids, ne pesait plus que 23 kilos. Un squelette. Elle parlait et se déplaçait avec difficulté. Elle se comparait aux autres, se sentait insuffisante. Personne n'arrivait à établir un contact avec elle. Ce fut une dure période pour elle.

Mais Kathy nourrissait un rêve qui lui donnait du courage. C'était de courir les 10 000 mètres de North Banks.

Vouloir participer à une course aussi difficile, alors qu'elle était à peine capable de marcher, paraissait absurde. Elle s'entraîna énergiquement, refaisant ses muscles pour la course.

Elle voulait y participer. Pouvoir terminer serait une victoire.

Le jour de la course, tous les autres participants la distancèrent. Elle ne put bientôt plus les apercevoir. Elle courait, toute seule, foulée après foulée, le corps douloureux, le cœur battant à se rompre, les poumons en feu. Elle tombait, le nez sur la chaussée. Elle se relevait aussitôt, avançait un pied torturé de quelques centimètres devant l'autre et tirait son autre pied. Elle répéta cette opération un nombre incalculable de fois. Sa persévérance transformait les pâtés de maisons en kilomètres. Le soleil avait atteint son zénith et commençait à baisser lorsque Kathy commença son dernier effort. Elle commençait à craindre de devoir renoncer, s'arrêter, lorsqu'elle aperçut des amis de l'école que les handicaps de Kathy troublaient. Ils l'encourageaient maintenant de leurs cris: «Avance, Kathy! Tiens bon! Tu es formidable!»

Kathy réussit. Elle finit la course. Une gagnante. Elle a reçu le prix des rédacteurs sportifs de Philadelphie à titre d'athlète la plus courageuse d'Amérique et le prix international de la valeur.

Elle a brillamment terminé ses études secondaires, n'obtenant que des A.

J'ai dit dernièrement à Kathy: «Tu es une gagnante. Tu as persévéré. Mais, dis-moi, que dirais-tu aux gens qui perdent, même après avoir fait tout leur possible?»

Elle m'a répondu: «Pour moi, gagner, ce n'est pas nécessairement arriver la première ou être la meilleure. Si on fait le maximum, on est alors gagnant. Gagner, pour moi, c'est exactement ça: Donner le maximum au Seigneur, surmonter toutes les épreuves.»

Je lui ai posé une autre question: «Que dirais-tu à quelqu'un qui a des problèmes, qui souffre vraiment?»

«Je leur dirais de s'accrocher, de tenir bon. Dites-vous que vous gagnez grâce au Christ, qu'Il est là, qu'Il vous aidera au meilleur moment!»

Persévérez. C'est un mot très important dans notre alphabet de l'action.

P ———————————————

———————————————

———————————————

Q Quitte

Tenez-vous quitte de ces plaintes de ce que la vie n'est pas aussi bonne que vous le voudriez. Considérez que vous êtes quitte avec la vie. Oubliez le passé. Cessez de vous rappeler ces souvenirs obsédants, négatifs.

La semaine dernière, j'ai rendu visite à une de mes bonnes amies, madame Putnam. Elle vit à Cleveland, au bord du lac Érié. Il n'y a pas longtemps, elle s'est fracturé la hanche à la suite d'une chute. Elle m'a dit, assise: «Je suis restée inconsciente pendant trois jours; ils croyaient que je ne vivrais pas, mais vous voyez.» Elle m'a regardé: «Monsieur Schuller, comment fait-on pour rester heureux tout le temps?»

Je lui ai dit: «Eh bien, tout d'abord, il y a longtemps que j'ai décidé de me libérer de tous les poids inutiles de mon esprit. Je veux dire tout ce bagage de mauvais souvenirs. Il faut s'en débarrasser.»

«Comment faire?»

Avant de lui répondre, j'ai regardé la photo de feu son mari. C'était un homme fantastique, l'un des grands barons de l'industrie américaine. J'ai également remarqué la photo de son fils en uniforme, tué au cours de la deuxième guerre mondiale. Et elle était là, incapable de marcher. Elle a répété sa question: «Comment se libère-t-on des mauvais souvenirs? Comment en débarrasse-t-on sa vie?»

Je lui ai demandé : « Madame Putnam, pouvez-vous vous mettre debout ? »

« Oui, je crois. »

Je lui ai tendu mes mains. Elle a repoussé la couverture de sur ses genoux et a saisi mes mains. Je l'ai soutenue fermement sous les coudes et l'ai entraînée lentement jusqu'à un mètre de la fenêtre. Je lui ai alors demandé : « Que voyez-vous ? »

« Je vois le lac Érié. »

« Je parie que, lorsque vous étiez plus jeune, vous aviez l'habitude d'aller sur la pelouse, de lancer une pierre et de la regarder voler vers le lac. »

« Oui, mais il y a longtemps que je ne l'ai pas fait. »

« Ne savez-vous pas que votre esprit peut jeter une mauvaise pensée bien plus loin que votre bras n'a jamais lancé une pierre ? Madame Putnam, chaque fois qu'un souvenir, un sentiment douloureux, une pensée négative traversent votre esprit, je veux que vous vous leviez, au moins mentalement, et que vous regardiez par la fenêtre. Lancez mentalement cette pensée à travers la vitre, qu'elle aille se noyer dans le lac. Puis, je veux que vous vous asseyiez et que vous lisiez ces mots. » Et je lui ai tendu une feuille de papier où je venais de jeter quatre vers d'un auteur anonyme :

J'ai fermé ma porte au passé
Et j'en ai jeté la clef.
Demain ne me fait pas trembler
Car j'ai découvert le présent.

Elle s'est exclamée : « Oui ! »

Vous le pouvez vous aussi si vous vous tenez quitte des plaintes!

Q _____

_____

_____

R   Réorganisez-vous

Si vous n'avez pas encore réussi, il faut que vous disiez: « Je dois me *réorganiser*. » Lorsque vous échouez, vous devez vous réorganiser; et, lorsque vous réussissez, vous devez également vous réorganiser.

Que vous ayez connu la réussite ou l'échec, il est probable que certains secteurs de votre vie doivent être réorganisés. La seule personne qui n'a pas besoin de se réorganiser en permanence est celle dont la vie et les occupations sont devenues statiques. Et si votre vie est statique, vous êtes mort.

Je me suis réorganisé le mois dernier. J'ai pris quelques jours de congé avec ma femme et nous avons prié. J'ai posé ces questions, à Dieu, à ma femme, à moi-même:

1. Qui suis-je?
2. D'où viens-je?
3. Comment ai-je fait?
4. Où veux-je aller?
5. Comment puis-je m'y prendre?

Je sais qui j'étais le mois dernier et l'année dernière, mais je change sans cesse. Je dois fréquemment réévaluer qui je suis et où je me dirige. Je réorganise ma vie en ce moment en fonction des réponses à ces questions.

Le médecin a annoncé à ma femme, il y a quelques années, qu'elle avait une tumeur cancéreuse au sein. Juste avant l'opération, elle nous a appelés, le médecin et moi, à son chevet et a dit : « Je veux savoir, après l'opération, ce qu'il en est vraiment. Si le cancer est généralisé et que je n'aie qu'un an à vivre, je veux le savoir tout de suite, parce qu'il y a deux choses que je veux faire avant de mourir. » Nous avons répondu oui. Grâce à Dieu, l'opération a été une réussite. Elle est définitivement hors de danger, croyons-nous. Mais, il y a un ou deux ans, je me suis rappelé ce qu'elle m'avait dit alors avant l'opération. Je lui ai demandé : « Chérie, te rappelles-tu ce que tu avais dit juste avant l'opération ? Quelles sont ces deux choses que tu voulais faire ? »

Elle m'a répondu : « Premièrement, réarranger toutes les penderies et tous les tiroirs. Je ne voulais pas mourir pour que les autres, fouillant dans les penderies et les tiroirs, disent : *Quel désordre* ! Deuxièmement, je voulais écrire une lettre personnelle à chacun de mes enfants. »

Réorganisez-vous. Les temps évoluent. Il se peut qu'il vous faille réorganiser toute la structure de votre entreprise, supprimer certains services. Il faut parfois faire marche arrière pour se remettre sur la bonne voie. Parfois aller de l'avant ou encore regrouper vos forces. Peut-être vous faut-il réduire ou accroître la taille de votre entreprise, ou même la fermer. Quelle que soit votre situation, il est probable que vous devez vous réorganiser.

R _____

_____

_____

S Survivez par le partage

Dieu peut accomplir des merveilles par l'intermédiaire de la personne qui ne se préoccupe pas qu'on lui tresse des couronnes et qui est disposée à *partager* les honneurs, *partager* le pouvoir, *partager* la gloire.

Plus d'une compagnie prospère atteint un palier pour ensuite péricliter. La raison? La personne qui l'a lancée atteint un point où elle ne peut plus assumer les charges de toute son dministration et se refuse à les déléguer aux autres. Certaines personnes craignent de déléguer parce qu'elles croient que personne ne pourra s'acquitter aussi bien du travail qu'elles.

J'ai connu cela. Mais j'en suis arrivé à cette conclusion: il vaut mieux que quelqu'un le fasse moins bien, plutôt que ça ne soit pas fait du tout. Le plus surprenant, c'est que, le plus souvent, ils font un meilleur travail!

Partagez vos sentiments, partagez votre gratitude. Dites merci aux gens qui vous ont aidé. Lors de la victoire, n'oubliez pas de partager votre appréciation. Je n'oublie pas que je dépends entièrement de mes amis, des membres de notre temple pour que notre œuvre se poursuive. Montrez votre appréciation en disant merci.

Un journaliste avait posé cette question cynique à Rudyard Kipling: «Monsieur Kipling, je viens de lire que quelqu'un a calculé que ce que vous gagnez correspond à cent dollars le mot.» Kipling a haussé les sourcils et a dit: «Vraiment? Je l'ignorais.» Le journaliste a alors dit: «Voici un billet de cent dollars, Kipling. Donnez-moi donc un de vos mots à cent dollars.»

Kipling a regardé le billet et, au bout d'un instant, l'a pris, l'a plié sans hâte et a dit: «Merci.» Et il est parti.

S   _____

_____

_____

T   Traitez

Lorsque vous aurez commencé de vous réorganiser et de partager, vous devrez alors être prêt à *traiter*. Cela veut dire que vous devrez décider ce à quoi vous devez renoncer pour conserver ce que vous avez déjà.

Un pasteur de mes amis qui jouait au golf avait dit à sa femme comme c'était important pour lui. «C'est bon pour mon travail. Je rencontre des personnes importantes sur le terrain.» Mais un jour, alors qu'il se dirigeait vers sa voiture avec ses crosses, son fils de quatre ans, qui l'observait par la porte, lui a demandé: «Papa, est-ce que je peux venir avec toi?»

Le pasteur a répondu: «Désolé, fiston, tu ne peux pas venir jouer au golf avec moi.» Les yeux du petit garçon se sont remplis de larmes. Le père lui a fait adieu de la main, a démarré et est parti. Il n'avait fait que deux pâtés de maison qu'il faisait demi-tour en hâte, courait vers la maison, prenait son fils dans ses bras et lui disait: «Hé, mon grand, la pêche, ça ne te dit rien?» Il avait fait un compromis, une priorité contre une autre, meilleure.

L'autre jour, je me trouvais dans le studio de Paul Harvey à Chicago, tandis qu'il diffusait son émission. Paul a dit: «C'est le moment que je passe à l'antenne; mais pourquoi ne venez-vous pas dans le studio? C'est en direct, vous savez.» Je suis entré dans le studio, il a fermé la porte. Le voyant rouge clignotait. Il s'est éclairci la gorge : « Bonjour, l'Amérique, ici Paul Harvey. » Et il a continué. Il a dit : « Je connais un pasteur qui, m'a-t-on dit, a choisi d'échouer pour pouvoir choisir de réussir ; n'est-ce pas, monsieur Schuller ? »

J'ai dit : « C'est vrai, Paul Harvey. J'ai choisi d'échouer au golf, parce que je voulais connaître la réussite comme papa. Oui, j'ai échangé mon goût du golf contre le désir de réussir comme père. » En ce moment, peut-être devez-vous échanger le pouvoir contre la paix, les dollars contre la joie, la gloire pour cette joie plus grande de voir les autres progresser.

T _____

_____

_____

U   Utilisez votre clé

Déverrouillez certaines des valeurs humaines que vous avez déjà découvertes : la foi, l'espoir et l'amour. Que ces valeurs soient la force centrale qui vous propulse vers une véritable réussite. Qu'est-ce que la réussite ? C'est être capable d'aider ceux qui souffrent.

Je ne connais personne dont la vie soit plus réussie que celle du docteur Howard House.

Si vous demandiez aux médecins du monde entier de désigner les plus grands spécialistes des affections et de la chirurgie de l'oreille, le premier qu'ils nommeraient serait le docteur Howard P. House de Los Angeles. Il est le président du meilleur centre de recherches en audition.

J'ai eu dernièrement l'honneur et le privilège de rencontrer ce remarquable savant. J'ai été aussitôt touché

Le moi que je visualise,
c'est le moi que je serai !

par le souci, l'amour qu'il a des gens qu'il aide. Il m'a confié qu'il avait décidé de devenir médecin lorsqu'il avait annoncé à son père, un dentiste réputé, qu'il allait suivre ses traces.

Son père l'avait surpris en lui répondant : «Si je devais recommencer, j'irais d'abord en médecine, puis en dentisterie, parce qu'on ne peut pas séparer les dents du reste du corps. »

Des années plus tard, à la fin de ses études de médecine, il s'excusa auprès de son père de choisir la médecine plutôt que la dentisterie. Son père lui avait répondu : «Te rappelles-tu cette soirée où je t'ai conseillé de faire plutôt la médecine? Pourquoi, à ton avis? Parce que la médecine est un domaine bien plus vaste. Elle offre de bien plus grandes possibilités pour la recherche, les progrès et le soin des gens. »

Le souci des gens. Voilà ce qui motivait le docteur House. C'était cela qui l'aiguillonnait à toujours apprendre davantage. À la fin de ses études de médecine, alors que Howard s'orientait en ophtalmologie et en otorhyno-laryngologie, son père lui avait demandé : «Howard, y-a-il des gens ici, dans ce pays, qui connaissent mieux les questions d'yeux, d'oreilles, de nez et de gorge que toi? »

Howard avait bien dû l'admettre.

Son père avait alors dit : «C'est le moment rêvé pour rendre visite à chacun de ces docteurs et découvrir leurs motivations, ce qui les a rendus tels qu'ils sont aujourd'hui. » C'est ainsi qu'en 1937 il partit pour Stockholm pour assister, pour la première fois, à une nouvelle opération destinée à rétablir l'ouïe, réalisée par le professeur

Homgren. Lorsqu'il découvrit cette remarquable technique, il décida sur-le-champ qu'il importait bien davantage d'améliorer l'ouïe d'une personne dure d'oreille que de lui façonner un nez plus esthétique.

Depuis, il a réalisé plus de 32 000 interventions sur l'oreille. Et, de pair avec son frère Bill, il a mis au point une prothèse qui rétablit l'ouïe des personnes souffrant d'oto-sclérose, affection qui se traduit par une perte progressive de l'ouïe.

Ils ont aussi créé une prothèse à l'intention des enfants souffrant de surdité.

Il a placé ces prothèses chez plus de 200 patients depuis 1968. Il m'a confié la joie qu'il a éprouvée récemment quand il a fait cette opération sur une enfant de trois ans : « La joie de cet enfant à entendre pour la première fois après avoir perdu l'ouïe à l'âge d'un an et demi à la suite d'une méningite ! Elle adore les bruits ! Elle adore entendre le frottement de ses pieds sur le sol. Cela nous met les larmes aux yeux à nous tous d'observer ses réactions. »

Des milliers de médecins du monde entier viennent à l'institut House pour s'initier aux techniques des frères House.

« Un homme brillant », dites-vous. Oui, vous voyez juste. Plus que vous ? J'en doute. J'ai lu ses relevés de notes du collège. Tenez-vous bien. À la fin de sa première année il avait 2,0 de moyenne, une majorité de *D,* dont un *D* en chimie. Il avait même un *F.* L'année suivante, il n'a pas mieux réussi. En fait, ce fut pire. Il a terminé avec une moyenne de 1,35. En troisième année, il a remonté la pente et atteint 2,2. C'est alors que Howard est allé voir le doyen, McKibben, de l'Université de Californie du Sud, pour lui dire qu'il aimerait s'orienter vers la médecine. Le doyen lui a répondu : « Vous n'êtes pas sérieux. »

Mais il a ajouté que s'il étudiait fort et que s'il avait une meilleure note, il aurait une place pour lui. Howard a décidé de réduire ses activités extérieures et a amélioré ses notes. Grâce au doyen, il est entré à la faculté de médecine.

Aujourd'hui, plus de 32 000 personnes ont découvert la joie d'entendre grâce à cet homme attentif aux autres et dévoué... et cela parce qu'il a ouvert son cœur à l'amour et à la foi, qu'il leur a permis d'être la force centrale de sa vie.

U _____

_____

_____

V   Visualisez

Visualisez le rêve qui s'offre à vous. Ne perdez jamais votre vision intime. Si vous la perdez, vous êtes mort. Là où il y a absence de rêves, les gens périssent.

Un jeune homme entra en première année d'université, s'installa dans sa chambre. La première chose qu'il fit fut de clouer une grande plaque de cuivre marquée de la lettre *V*. Chacun lui demanda ce que c'était, mais il refusa de répondre. Il la polissait. De chambre en chambre, c'était toujours la première chose qu'il installait. Il termina ses études et, à la cérémonie, il fut désigné pour faire le discours d'adieu. Lorsqu'il traversa l'estrade, bien poli dans sa main gauche, il y avait ce *V* de cuivre.

Fixez-vous de nouveaux objectifs. Ayez foi dans votre capacité de les atteindre. Visualisez l'échec et vous le connaîtrez. Visualisez la réussite finale et vous l'atteindrez ! *Ce que vous percevez, c'est ce que vous serez.*

Je me suis adressé dernièrement à une convention qui réunissait 2 000 vendeuses et vendeurs employés par une femme d'affaires très prospère spécialisée dans la vente à domicile. Le père de ce leader, diplômé de l'université, avait été bien évidemment déçu lorsqu'elle avait décidé de quitter l'école secondaire. À cause de sa déception, cette femme s'était formé d'elle-même une image terriblement négative. Pendant des années, elle s'est perçue comme une bonne à rien, une ratée, jusqu'au jour où elle a découvert la conscience du possible. Elle s'est rendue en Californie, est allée prier à la cathédrale de cristal.

Peu de temps après, elle a eu vent d'un produit de qualité qui serait utile aux consommateurs. Elle y a cru. Des amis l'ont encouragée à le distribuer, à se lancer dans la vente. «Mais, a-t-elle retorqué, je ne peux pas devenir vendeuse. Je n'y connais rien. De plus, je ne suis pas très intelligente. Je n'ai pas réussi à terminer l'école.» Mais, juste avant d'enterrer cette idée, elle s'est rappelé ces mots : «Avec Dieu, tout est possible.» Elle a fait un coup d'essai. Elle a réussi et, il y a quelques jours, je parlais à 2 000 de ses employés.

Le succès commence dans votre tête ; toute personne a la liberté de choisir entre le succès et l'échec. C'est aussi simple : choisir de réussir. Percevez-vous comme une personne qui réussit et vous réussirez.

Visualisez. *La personne que je perçois est la personne que je serai.* Vous pouvez être tout ce que vous voulez être si vous apprenez à croire en vous-même.

Il est vrai que Dieu offre à chacun des dons, des talents différents, mais en dernière analyse, le succès ne dépend pas de talents spéciaux. Vous pouvez observer les gens de votre profession mieux placés que vous. Vous savez que vous n'avez pas moins de talents qu'eux. De même, vous pouvez voir sur vos talons une foule de gens aussi talentueux que vous.

Ni la réussite ni l'estime de soi ne sont nécessairement les enfants du *talent*. Elles ne viennent pas nécessairement non plus du lieu géographique. Certaines personnes tiennent pour acquis qu'elles réussiraient si elles vivaient dans une ville ou un État particulier. Bien qu'il soit plus facile de réussir en Amérique que dans tout autre pays, le seul fait de vivre en Amérique n'assure pas à lui seul la réussite.

J'étais à Hong Kong peu après la prise de pouvoir par les communistes en Chine : les Chinois se réfugiaient en masse sur cette île. J'étais à Berlin peu après la construction de ce mur destiné à empêcher les gens de fuir l'Est. De nos jours, les gens fuient vers l'Amérique. Pourquoi ? Parce que la vie y est plus facile que dans tout autre pays. Mais, tout compte fait, la réussite ne dépend pas du lieu où vous êtes, mais de la façon dont vous pensez ! Elle vient de ce que vous visualisez votre rêve. C'est pourquoi les adeptes du possible qui n'ont peut-être pas le talent, l'avantage géographique, ni la formation, réalisent l'impossible. Ils traversent les temps difficiles et y survivent. Pourquoi ? Parce qu'ils ont foi en eux-mêmes. Ils estiment qu'ils ont autant de droit que les autres d'être heureux et de connaître la réussite.

Vous ne trouverez pas le succès réel, la dignité, grâce aux bonnes *relations,* au *talent* non exploité, à votre résidence dans la bonne ville, le bon milieu, pays ou *territoire*. Non plus par la *formation*.

Le succès vient de ce que vous visualisez celui ou celle que vous aspirez à devenir. Vous estimez-vous sensationnel? Vous l'êtes! Il suffit que vous croyiez en vous-même. Je ne parviendrai probablement pas à vous convaincre, car il est impossible de convaincre quelqu'un qu'il est beau s'il ne le pense pas.

Je me rappelle chacune de mes filles, au moins à une occasion: lorsqu'elles avaient une nouvelle coupe de cheveux ou une nouvelle permanente et me demandaient: «Est-ce que ça te plaît?», je répondais: «Oui, vraiment.» Mais, dans leur incertitude, elles répliquaient: «Oh, pas à moi. Ce n'est pas si bien que ça!»

Même si j'estimais que ça leur allait bien et le leur disais, elles continuaient à en douter. Il en va de même pour vous. Je peux vous convaincre de vos talents, mais je ne peux pas vous convaincre de ce que vous pouvez accomplir dans l'existence. Une seule personne peut vous convaincre: Dieu. La façon dont vous vous percevez dépend de la façon dont vous percevez Dieu. Je l'appelle la conscience du possible. C'est le secret du succès! Pourquoi est-ce si puissant? C'est puissant par l'effet que ça produit sur vous. Ça vous dit que vous êtes potentiellement aussi intelligent et capable de réussir que tout autre personne.

Comment vous visualisez-vous? *La personne que je visualise est la personne que je serai.* Je veux que vous vous posiez cette question: «Quels nouveaux objectifs me fixerais-je si j'étais sûr de réussir?» Pensez-y. Priez. Soyez prêt à agir.

Paul l'a dit: «Je puis tout en Celui qui me rend fort.» (Ph 4; 13) D'où me viennent mes rêves? Eh bien, de Jésus-Christ. Dieu vous a mis en ce monde. Il caresse un rêve à votre sujet. Ouvrez-vous à son rêve et voyez-vous comme Il vous voit.

Je ne l'oublierai jamais. Je l'ai rencontré cette année à une conférence. Il n'avait que vingt-deux ans, mais était un vendeur émérite. On lui avait appris quelques années auparavant qu'il avait un fibrome, affection fatale. Personne ne voulait l'engager. On lui disait: «Vous ne vivrez pas assez longtemps pour être rentable.»

Ses parents étaient pauvres. Ils avaient du mal à payer les frais médicaux.

Il s'est dit: *Je suis peut-être malade; peut-être mourant; mais je peux encore agir. Il vaut bien mieux accomplir de grandes choses que de rester là, assis, à attendre la mort.* Il accepta donc une invitation à s'engager dans une affaire de vente à domicile. Il s'est révélé un vendeur exceptionnel parce que, comme il l'a dit: «Je n'en ai pas pour longtemps; alors, si je veux battre des records, il vaudrait mieux que je me dépêche.»

Lorsque j'ai fait sa connaissance, il portait une chemise hawaïenne. Il m'a dit: «Savez-vous pourquoi je porte cette chemise? Après que j'ai fait assez d'argent pour en épargner pour mon enterrement, j'en ai donné une partie au Seigneur et j'ai décidé d'emmener mon père et ma mère à Hawaï. Nous venons de rentrer. Nous avons passé d'excellentes vacances!» Sous sa chemisette, il n'avait plus que la peau sur les os. Il nous a quittés, maintenant. Mais il reste vraiment vivant, car il a connu le Seigneur.

La personne que je perçois en moi est la personne que je serai.

Comment vous percevez-vous?

Trop de gens souffrent, de nos jours, d'un complexe d'infériorité. Plusieurs facteurs, dans notre société, y contribuent. Trop de gens trouvent dans ces facteurs des excuses pour ne pas être tout ce qu'ils pourraient être. D'autres, blessés par la vie, disent: «À quoi bon essayer encore pour recevoir d'autres gifles?»

Mais certains ont appris à s'élever au-dessus des coups que la vie leur a portés. Ils ont découvert qu'ils étaient des gens spéciaux, indépendamment de ce que les autres disent ou de la façon qu'ils sont traités. Ils fournissent la preuve de la vérité de ce livre: Après la pluie vient le beau temps.

Je pense à cette femme qui émigra du Mexique aux États-Unis avec son mari et ses enfants. Tandis qu'ils s'approchaient du «paradis», à la frontière d'El Paso, au Texas, son mari l'abandonna, elle et ses deux enfants. Divorcée à l'âge de vingt-deux ans avec deux enfants, c'était la misère. Avec les quelques dollars qui lui restaient, elle acheta des billets d'autocar pour la Californie. Elle était sûre de pouvoir y trouver du travail. Et elle se trouva un emploi, très pénible, de minuit à six heures du matin, à faire des tacos. Elle ne gagnait que quelques dollars, mais, mangeant peu, elle épargnait dix sous sur chaque dollar qu'elle gagnait.

Pourquoi faisait-elle des économies? Parce qu'elle visualisait un rêve: elle voulait posséder sa propre boutique de tacos. Un jour, elle prit ses quelques dollars d'économie, se rendit à une banque et dit: «Il y a un petit magasin que j'aimerais acheter. Si vous me prêtez quelques milliers de dollars, je pourrai avoir mon propre magasin de tacos. »

Le banquier, favorablement impressionné, décida de prendre le risque et lui prêta l'argent. Elle avait maintenant vingt-cinq ans et possédait une petite boutique de tacos. Elle travailla d'arrache-pied, grandit, grandit pour devenir aujourd'hui, quinze ans plus tard, la plus grosse entreprise de gros en produits mexicains des États-Unis. Elle est aussi devenue trésorière des États-Unis. Son nom: Ramona Banuelos.

On lui a demandé: «Quel est le problème le plus grave qui se pose aujourd'hui aux Américains?»

Elle a répondu: «Les enfants grandissent ici avec l'idée qu'ils sont inférieurs. Je n'oublierai jamais le jour où ma fille, au retour de l'école, m'a dit: *Maman, est-ce que je suis espagnole ou mexicaine?* Lorsque je lui ai dit qu'elle était mexicaine, son sourire s'est effacé. Elle avait une triste mine. Elle a dit: «*Je voudrais être espagnole.* Quand j'ai voulu savoir quelle importance cela avait, elle m'a répondu: *Parce que les Espagnols sont très intelligents et les Mexicains ne le sont pas.* »

Ramona Banuelos lui a dit: «Ce n'est pas vrai! Les Mexicains ne sont pas inférieurs!» Pour en donner la preuve, elle a emmené ses enfants au Mexique pour leur montrer les ruines des temples aztèques et leur a dit: «Ce sont les Mexicains qui les ont construits, pas les Espagnols.» Elle leur a montré les larges boulevards, la magnifique architecture. «Les bâtisseurs, ce sont les Aztèques; c'est ce sang qui coule dans vos veines. Soyez fiers d'être mexicains, vous êtes de bonne race!»

Vous êtes quelqu'un. Vraiment. Quelles que soient votre race, votre couleur, vos origines ethniques, vous êtes issu d'un survivant! Exactement! Si vos origines remontent à l'Afrique, à l'Europe, au Mexique ou à la Malaisie, etc., vous découvrirez dans votre Histoire de grandes épreuves.

Le succès ne vient pas de la façon que vous croyez, il vient de la façon dont vous pensez! Pensez positif. Visualisez la réussite!

V   _____

_____

_____

X   Rayons X

Si vous avez un emploi, si vous vous approchez d'un objectif, si vous caressez un rêve, et que vous êtes déjà avancé, il est alors grand temps que vous fassiez une pause et radiographiez vos motivations les plus profondes.

Il y a des gens d'une profonde intégrité dans les affaires. Si vous preniez une radio des valeurs morales et spirituelles de ces gens et que vous l'étudiiez, vous diriez: «Oh là là, il est en pleine forme!» Si vous étudiiez votre radio par contre, vous n'aimeriez peut-être pas ce que vous verriez. Vous avez fait beaucoup d'argent; parfait. Je dis au gens: «Faites tout l'argent qu'il est possible de faire légalement. Épargnez tout ce que vous pouvez. Puis donnez tout ce que vous pouvez. Mais si les dollars deviennent une fin en eux-mêmes, alors ça ne va plus.»

Il faut que vous vous demandiez en premier lieu : « Qu'est-ce que je veux vraiment accomplir ? » Puis : « Si je continue comme je suis, arriverai-je là où je veux me rendre ? » Enfin : « Si j'y réussis, est-ce que je serai heureux ? Est-ce que ça me comblera ? » C'est ça, une radio.

X _____

_____

_____

Y   Vous Y êtes : Offrez-vous à Dieu.

Dans un verset célèbre de l'épître aux Romains, Paul dit : « Offrez-vous à Dieu. » (Rm 6 ; 13) Quand tout est dit et bien réfléchi, vous devez l'avoir fait bien avant d'en arriver au Z de l'alphabet de l'action.

Du moment où vous avez demandé : « D'où viens-je ; que veux-je ; où vais-je ; serai-je alors heureux ? », vous devez être prêt à tout offrir à Dieu. Une fois votre radio faite, vous avez pu découvrir que vous avez couru après les choses de ce monde et négligé votre âme. Jésus l'a dit : « Que sert donc à l'homme de gagner le monde entier, s'il ruine sa propre vie ? » (Mc 8 ; 36)

Offrez-vous à Dieu, parce que vous êtes près du Z et que le Z est la fin.

Feu le sénateur Hubert Humphrey m'a confié, peu avant sa mort, qu'il voulait arriver au terme de sa vie avec l'honneur derrière lui, l'amour autour de lui et l'espoir devant lui. Et vous ? Est-ce que ce sera comme ça ? Qu'emporterez-vous avec vous ? Si vous l'abandonnez, qui en héritera ?

J'ai rencontré un homme dans un avion. Je n'ai pas reconnu son visage, bien que tous connaissent son nom. Il a dit : « Monsieur Schuller, je voulais vous dire, j'aime votre émission. »

J'ai dit : « Merci. »

« Ma femme et ma mère ne la manquent jamais. »

« Merci. »

Il a dit : « Mon nom est Bear Bryant. »

J'ai dit : « C'est toujours formidable de rencontrer un grand chrétien. »

Il a répliqué : « Je ne suis pas sûr d'être chrétien ! !

« Quoi, vous ne croyez pas en Jésus ? »

« Si, je crois en Jésus, bien sûr. »

« Pourquoi pensez-vous que vous n'êtes pas chrétien ? »

« Eh bien, tout d'abord, a-t-il dit, je n'en ai pas le sentiment ; ces chrétiens *nés à nouveau* éprouvent un sentiment que je ne crois pas avoir. J'ai parlé à Billy Graham. J'ai parlé à Oral Roberts et, maintenant, je vous parle. Je n'ai toujours pas ce sentiment.

« Il y a autre chose qui me dérange, a-t-il continué. Il y a des choses dans la Bible que je n'arrive pas à comprendre... ces ours qu'un prophète avait envoyés pour dévorer des petits enfants. Je ne crois pas que Dieu voudrait qu'un ours mange des enfants. »

J'ai demandé : « Et quoi encore ? »

«La troisième chose, c'est que je fais des choses que je ne devrais pas faire. Je fume; si j'étais chrétien, je ne devrais pas fumer. »

J'ai dit alors: « Je veux être votre entraîneur sur le plan spirituel. Un chrétien n'est pas quelqu'un qui comprend et croit tout ce que la Bible dit. Ce n'est pas là la définition d'un chrétien. Quand vous irez au ciel, Dieu ne vous demandera pas: *Crois-tu à chaque mot de la Bible?* Ce n'est pas ça, le jugement. Je pense que les chrétiens croient tous que la Bible est la Parole de Dieu, mais qu'il y a des choses qu'ils ont du mal à comprendre. Ce n'est pas le livre qui vous sauve, mais le sang du Christ.

«Le christianisme n'est pas un sentiment, c'est une foi. Je suis d'accord avec vous: je ne me suis jamais senti renaître au sens où tout était noir et, le lendemain, tout était blanc. Je n'ai jamais connu ça. Le christianisme est une foi, pas un sentiment.

«Enfin, être chrétien ne signifie sûrement pas être parfait. J'ai mes péchés, moi aussi. Je ne suis pas parfait. »

Il a dit: « J'aimerais savoir, à la fin, si j'irai au paradis. »

Je lui ai dit: «Eh bien, sur ce point, je peux vous aider. »

J'ai pris une feuille de papier et y ai inscrit la promesse de Jésus: «Celui qui vient à moi, je ne le jetterai pas dehors. » (Jn 6; 37)

Je lui ai dit: « Regardez ça. C'est une promesse que Jésus a faite. Je sais que, lorsque ma fin viendra, j'entrerai dans la lumière et non dans la nuit. Il y aura pour moi la lumière éternelle, pas la nuit. Je crois au paradis. Si je crois au oui, il doit y avoir un non. Si je crois à la lumière, il doit y avoir la nuit. Si je crois au ciel, c'est qu'il doit y avoir aussi l'enfer.

«Tout le monde ne va pas au ciel. Lorsque je m'y rendrai, j'aurai cette promesse au cœur et dans ma main : *Celui qui vient à moi, je ne le jetterai pas dehors.*

«Jésus est mon ami. Il ne rejetterait jamais un ami. Ne le croyez-vous pas ? »

«Certainement. »

J'ai tiré une ligne et apposé la date : « Voilà, signez. »

Il a regardé et a dit : «Je ne sais pas si je devrais signer ça aujourd'hui. »

Je lui ai répondu : « Je ne peux pas savoir non plus si cet avion réussira à atterrir. »

Il a dit alors : « Je signe ! »

Offrez votre vie et vos problèmes à Dieu. Une fois que vous aurez offert à Dieu le contrôle de votre vie, les difficultés ne disparaîtront pas. Dieu n'a pas promis que le ciel serait toujours bleu, mais il a promis de nous aider.

Ma fille Sheila a offert sa vie à Dieu, il y a des années : une carrière qui la comble, un époux affectueux et deux adorables garçons, Jason, deux ans, et Christopher, trois mois.

Pourtant, sa vie n'a pas été à l'abri des moments difficiles. Samedi dernier, tandis que nous préparions l'anniversaire de Carol, le téléphone a sonné. J'ai répondu. C'était Sheila.

«Papa, je suis à l'hôpital pour enfants. C'est Christopher. On m'a dit qu'il souffre d'asthme, d'une double infection des oreilles et d'une méningite cérébro-spinale. Ils ont fait une ponction. C'est positif. Il y a des cellules dans le liquide.» Elle a alors éclaté en sanglots: «Prie pour mon bébé.»

Sheila et son mari, Jim, ont suivi l'infirmière le long du couloir de l'hôpital. Elle tenait le petit bébé fiévreux contre elle. Lorsqu'elle a levé les yeux, elle a lu, à sa surprise, sur la porte: «Soins intensifs.» Ils sont entrés dans un monde d'appareils et de chambres s'ouvrant sur une fenêtre. Ils pouvaient y voir d'autres bébés, certains sous des tentes à oxygène, d'autres tout harnachés de fils.

L'infirmière a pris le bébé, l'a déshabillé, l'a relié aux appareils de contrôle et déposé dans un berceau métallique. Puis les médecins sont arrivés, se sont penchés, lui ont fait passer un examen complet

Le médecin responsable a dit: «Monsieur et madame Coleman, nous allons faire une perfusion avec un médicament contre l'asthme et des antibiotiques contre l'infection et la méningite. Je vous conseille de rentrer chez vous et de vous reposer. Votre bébé aura plus besoin de vous demain qu'aujourd'hui.»

Jim et Sheila sont donc rentrés chez eux, abandonnant Christopher aux soins des infirmières. Ils y ont retrouvé le petit Jason qui avait, lui aussi, besoin d'eux. Mais lorsqu'ils sont entrés, la maison avait l'air étrange, comme vide. Jim s'est occupé de coucher Jason et il a vu l'autre petit lit vide. Il y a placé la petite Bible bleue de Christopher.

Tandis que Sheila ramassait les jouets de Jason, elle a senti un vide. Lorsqu'elle a regardé la chaise vide du bébé, oh, comme le large sourire de son enfant chéri lui a manqué.

Alors qu'elle allait éteindre les lumières, elle a décidé de garder allumée celle qui éclaire le portrait de Jésus dans le salon. Le lendemain, elle s'est réveillée en sursaut, pensant au berceau vide. Elle a pensé à son bébé, là-bas à l'hôpital, brûlant du désir de la serrer dans ses bras.

Le réveil indiquait 4 h 30, mais Sheila n'arrivait pas à se rendormir. Regardant le portrait de Jésus, elle s'est mise à prier : « Seigneur, j'ai besoin de Vous sentir. J'ai besoin de *sentir* que Vous êtes réel. » Il lui a parlé en esprit. Elle a vu Jésus dans sa longue et ample robe tenir Christopher tout comme elle désirait le tenir. Le bébé avait l'air bien dans ses bras, comme dans ceux de sa mère. Puis elle a senti que le Seigneur disait : « Sheila, c'est aussi mon bébé. »

Sheila me l'a raconté plus tard : « Papa, quand Jésus a dit ça, je n'ai pas su s'Il voulait dire qu'Il allait garder Christopher un peu plus longtemps ou s'Il allait l'emmener avec Lui. Mais ce n'était pas important, pas important du tout. J'éprouvais une telle paix. Je baignais dans la paix, parce que j'avais confié mon bébé, mes problèmes à Jésus. Je savais que Jésus aimait Christopher autant que moi et qu'Il le tenait pour moi, même quand je ne le pouvais pas. »

Offrez votre vie, vos problèmes à Dieu. Un ami m'a envoyé ce poème. Je pense qu'il est très beau.

Comme un enfant en larmes apporte ses jouets
brisés pour être réparés,

J'ai apporté mes rêves brisés à Dieu parce qu'Il est mon ami.

Mais au lieu de Le laisser travailler seul, en paix,

Je ne me suis pas écarté, j'ai essayé de L'aider de mon mieux.

Finalement, j'ai tout repris, criant:
«Comment peux-Tu être si lent?»

«Mon enfant, dit-Il, que pouvais-je faire?
Tu ne m'as jamais laissé faire.»

Y   _____

_____

_____

Z Zèle

Jésus a dit: «Je suis l'Alpha et l'Oméga, le *Premier* et le *Dernier,* le Principe et la Fin.» (Ap 22; 13) Si vous conformez votre vie à cette foi, si vous radiographiez vos motivations, si vous offrez tout à Dieu, vous atteindrez la fin et pourrez y mettre du *zèle.*

Vous pouvez tout affronter et, avec le Christ pour ami, vous réussirez.

Z   _____

_____

_____

Lorsque la reine d'Angleterre a visité le sud de la Californie, le maire Tom Bradley a invité un petit groupe de célébrités à un repas intime offert à sa majesté et au prince Philip. J'ai eu l'honneur d'y assister.

Une dame que je n'ai pas reconnue s'est approchée de moi. «Vous ne me connaissez pas, monsieur Schuller, mais je suis la fille de John Wayne. Je sais que papa et vous étiez de bons amis. Je sais que vous avez prié pour lui avant son opération à Newport Beach. Mais je ne sais pas si quelqu'un vous a dit ce qui est arrivé dans sa vie avant sa mort.» Elle a souri, les yeux embués par l'amour.

«Il ne manquait jamais votre émission. Un dimanche matin, vous avez fait quelque chose que vous aviez fait très rarement. Vous avez dit: *Il doit venir un temps dans notre vie où nous abandonnons vraiment toute notre vie au Seigneur. C'est peut-être aujourd'hui le jour où vous devez vous glisser de votre fauteuil, vous mettre à genoux et offrir votre vie complètement à Dieu. Demandez-Lui de vous pardonner vos péchés. Demandez-Lui de sauver votre âme immortelle.* »

La fille de John Wayne m'a regardé: «Monsieur Schuller, mon père était si malade, mais il est descendu de son lit, s'est mis à genoux, a prié avec vous et a offert toute sa vie au Seigneur!»

Personne n'avait la réputation d'être un dur comme l'avait John Wayne. Et pourtant, lui aussi a découvert que, pour faire face à son dernier combat, il avait besoin d'un surcroît de forces. Et c'est exactement cela que Dieu nous donne lorsque nous nous abandonnons à Lui.

«Si Dieu est pour nous, qui sera contre nous?» (Rm 8; 31) Voici le secret ultime pour devenir assez fort pour mener votre plus dur combat et remporter la victoire!

C'est alors seulement que vous aurez la certitude que votre vie illustre la vérité du titre de ce livre: Après la pluie, le beau temps... pour l'éternité.

Je fais la prière que ce livre vous ait apporté la réponse à la prière la plus importante que vous puissiez faire aujourd'hui:

Seigneur, fais-moi savoir quand persévérer et quand renoncer, et donne-moi la grâce d'adopter la bonne décision dans la dignité.

Achevé d'imprimer à Montmagny
par les travailleurs des ateliers Marquis Ltée
en avril 1984